Marie Palo

Geld verdienen als Seniorenbetreuer

Regelmäßiges Einkommen erzielen mit Alltagshilfe

2

Inhalt

Einkommen erzielen mit sozialem Engagement? 7

Seniorenbetreuung – ein neues Berufsbild 19

Grundvoraussetzungen 29

Aushilfsjob, Festanstellung oder Selbständigkeit 37

    Stichwort: Kostenübernahme, Steuern und 41

    Versicherungen 41

Kundenakquise 45

Erstes Kennenlernen 51

Vertragsverhandlungen 57

Testphase / Probezeit 75

Auswahl und Zeitplan 81

Stundennachweis, Planung und Feedback 85

Vertretungs-Absprachen / Netzwerk 91

Fortbildung 97

Muster für einen Betreuungsvertrag..........................103

    kleine Ideenliste Einzeltätigkeiten 111

    kleine Linkliste 115

4

Kurz vorweg:

Ich spreche die Leser hier im Buch mit „du" an statt mit „Sie". Das mag am Anfang etwas ungewohnt sein, ist aber überhaupt nicht respektlos gemeint, ganz im Gegenteil! Ich habe mich dafür entschieden, weil ich mich selber von Ratgebern, in denen die Du-Form benutzt wird, mehr angesprochen fühle und das Gefühl habe, alles dort Beschriebene auch selber tatsächlich schaffen zu können.

Weil eben kein Super-Experte oder Alleskönner zu mir herab spricht, sondern jemand, der in einer ganz ähnlichen Situation war wie ich und es auch geschafft hat. Wer Ratgeber liest, fühlt sich mit einem Problem oft ziemlich allein und sucht nach Antworten. Wir sind aber nicht allein, viele Menschen sind in ähnlichen Situationen.

Mit Büchern wie diesem hier machen wir uns gemeinsam auf den Weg und können voneinander lernen. Wenn du dich für den Beruf des Seniorenbetreuers interessierst, sitzen wir ja auch quasi „im gleichen Boot". Ich habe den Ratgeber geschrieben, weil ich am Anfang viele Fragen zu diesem Thema hatte und die Antworten nirgendwo kompakt fand, sondern mühsam zusammensuchen musste. Diese Zeit und Mühe möchte ich dir ersparen ☺

6

Einkommen erzielen mit sozialem Engagement?

Immer mehr Menschen suchen nach alternativen Einkommensquellen jenseits eines festen Vollzeit-Arbeitsplatzes. Manche freiwillig, manche unfreiwillig.

Viele sind auch schlichtweg auf zusätzliches Nebeneinkommen angewiesen, um die laufenden Fixkosten jeden Monat regelmäßig decken zu können.

Unsere Berufswelt befindet sich dabei in starkem Wandel: immer seltener sind Menschen Vollzeit und ein Leben lang im selben Beruf oder gar bei ein und demselben Arbeitgeber tätig. Egal, welche arbeitsplatzsichernden Maßnahmen Gewerkschaften, Politik und Arbeitsagenturen sich ausdenken oder vereinbaren, diesen Wandel halten sie damit nicht auf.

Ganz viele Menschen sind also immer wieder (oder immer noch) **auf der Suche nach einer neuen Arbeit, neuen Herausforderungen und Aufgaben.** Auch lebenslanges Lernen ist eine der Begleiterscheinungen dieser Entwicklung, denn kaum jemand kann noch allein mit seiner Schul- oder Berufsausbildung oder auch einem Studium dauerhaft ein gutes Einkommen erzielen.

Und das ist vielleicht auch ganz gut so, weil wir auf diese Weise immer wieder daran erinnert werden, dass wir noch ganz andere, längst vergessene oder lange vernachlässigte Fähigkeiten haben, die wir zum Wohl der Gesellschaft und für uns und unsere Familie einsetzen können.

Auf der anderen Seite benötigen immer mehr Menschen Hilfe im Alltag, den sie nicht mehr ohne Weiteres alleine bewältigen können.

Die Statistiken belegen jedes Jahr aufs Neue, dass die Menschen in Deutschland immer älter werden. Dabei ist es eher die Ausnahme, bis ans Lebensende körperlich und geistig fit zu bleiben und alles völlig selbständig erledigen zu können. Nicht nur typische Alterskrankheiten schränken die Möglichkeiten ein, sondern z.B. auch körperliche Behinderungen oder psychische Belastungen. Viele erwachsene oder alte Menschen benötigen daher Hilfe im Alltag, ohne direkt pflegebedürftig im engeren Sinne zu sein.

Sie fallen damit oft durch das „Raster" irgendwo zwischen Pflegeversicherung und Unterstützung von Familienangehörigen/Nachbarn. **Hier setzt die Seniorenbetreuung an**.

Bei dem Versuch, sich trotzdem weitestgehend Selbständigkeit/Unabhängigkeit zu wahren, bleibt bei diesen Menschen oft Lebensqualität auf der Strecke. Mit nur ein wenig Unterstützung wären noch viele Aktivitäten möglich, auf die man allein aus Unsicherheit verzichtet.

Vereinsamung, Vernachlässigung des Haushalts oder der Körperpflege sind oft das traurige Ergebnis.

Dieses Problem, das wir vielleicht bisher nur mit den eigenen Eltern und Großeltern erlebt und vielleicht als familiären Problemfall gesehen haben, betrifft zunehmend mehr Menschen in unterschiedlichster sozialer Einbindung.

Doch kann und darf man in diesem Bereich Geld verdienen?

Vielleicht bist du gerade auch skeptisch, so wie ich am Anfang, und denkst: wenn ich mich sozial engagieren möchte, nehme ich doch dafür kein Geld und damit den unermüdlich ehrenamtlich tätigen Menschen auch noch die Arbeit weg!

Aber bei genauerem Hinsehen ist die Sachlage anders: ehrenamtliche Helfer allein können kaum noch den immensen Bedarf nach Unterstützung im Alltag decken, schon gar nicht den Wunsch vieler hilfsbedürftiger Personen nach einem verbindlichen Anspruch auf regelmäßige Leistungen und freie Auswahl der Helfer.

Ehrenamtliche Hilfe ist aus unserer Gesellschaft nicht wegzudenken. Sie ist unglaublich wichtig und in vielen Fällen aufgrund der Mittellosigkeit der Betroffenen auch einzige Alternative.

Andererseits wird ehrenamtliche Hilfe nicht von allen

Menschen gern angenommen. Dies kann viele Gründe haben, aber oft ist es den Betroffenen einfach lieber, jemanden dafür zu bezahlen, dass er sie regelmäßig und weisungsgemäß unterstützt. Manchmal sind es auch die Familienangehörigen, die Entlastung suchen und gerne bereit und in der Lage sind, gute Arbeit angemessen zu vergüten. Sie wünschen qualitativ hochwertige Gegenleistung und zuverlässige Regelmäßigkeit.

Auf der anderen Seite benötigen nun einmal auch Helfer ein angemessenes Einkommen, um nicht selber abhängig und damit hilfsbedürftig zu werden.

Man kann und man darf mit der Seniorenbetreuung also Geld verdienen!

Wir machen weder den professionellen Pflegekräften Konkurrenz (das können wir gar nicht leisten) noch den ehrenamtlich Tätigen (die können nicht überall sein).

Mit der Tätigkeit als Seniorenbetreuer wird also eine „Lücke im System" gefüllt, die in den letzten Jahren immer offensichtlicher geworden ist.

Und selten zuvor war es in unserer Arbeitswelt so leicht, Angebot und Nachfrage ohne Umwege einfach zusammenzuführen.

Sei es über das Internet, sei es über Agenturen, die sich genau auf diesen Bereich spezialisiert haben.

Für beide Seiten ist bezahlte Alltagsbegleitung ein Gewinn: für die Betreuer bedeutet sie positive Arbeit mit und für Menschen, für die Betreuten zuverlässige Hilfe, auf die man einen Anspruch hat.

Wichtig ist dabei natürlich, dass beide Seiten einschätzen können, welche Hilfe tatsächlich benötigt und gewünscht ist, und ob diese auch so geleistet werden kann.

Klare Vorstellungen von der Tätigkeit im Allgemeinen und verbindlich ausgehandelte Regelungen für den Einzelfall sind unerlässlich und werden in den nächsten Kapiteln erläutert.

Die Tätigkeit als Seniorenbetreuer erfordert viel Aufmerksamkeit, Einfühlungsvermögen und Geduld, kann emotional fordernd sein.

Dafür, dass die Begleitung für beide Seiten möglichst fair und reibungslos läuft, kann man durch gründliche Information und klare Regelungen im Vorfeld viel tun.

<u>Absolut unerlässlich ist natürlich, dass du dir überhaupt vorstellen kannst, mit erwachsenen / älteren Menschen zu arbeiten und gut mit ihnen zurechtkommst.</u>

Falls du also den Anblick alter oder behinderter Menschen bisher gemieden hast, sie meist nur als lästiges Verkehrs-Hindernis empfindest und jeden Gedanken an dein eigenes Älterwerden erfolgreich verdrängst, kann ich dir weder dieses Buch noch die

Arbeit als Seniorenbetreuer überhaupt empfehlen!

Ein Weg zu schnellem Geld ohne viel Aufwand ist die Seniorenbetreuung nämlich nicht. Und sie nur als solchen zu betrachten, wäre auch mehr als unfair den Betreuten gegenüber.

Die Arbeit als Seniorenbetreuer bietet keinen Glamour, ist körperlich anstrengend und verlangt viel Menschenkenntnis und Feingespür.

Oftmals stickige, überheizte Wohnräume, besondere Gerüche z.B. von Medikamenten und nicht jeden Tag frisch geduschten Körpern gehören zum Alltag.

Natürlich ist auch sonst nicht immer alles nur einfach und schön. Man sieht und hört Vieles, das einen emotional mitnimmt und länger belastet, kommt manchmal an seine Grenzen (z.B. auch durch den Tod eines Betreuten).

Und nur weil Menschen hilfsbedürftig sind, heißt das nicht automatisch, dass sie wohlgelaunt und dankbar jede Hilfe annehmen. Oft müssen sie sich erst wieder daran gewöhnen, mit anderen Menschen zu kommunizieren.

Seniorenbetreuer zu werden ist relativ einfach, es zu sein schon deutlich schwerer. Dann auch motiviert Alltagshelfer zu bleiben, um damit regelmäßig Einkommen zu erzielen, erfordert Ausdauer und Willen. Aber es lohnt sich!

Ich teile hier mein bisheriges Wissen und Erfahrungswerte als Seniorenbetreuerin mit dir und hoffe, du wirst viele schöne Arbeitsstunden mit den dir anvertrauten Personen erleben.

Ich bin seit über 10 Jahren selbständig tätig, seit einiger Zeit auch als Autorin und seit rund einem Jahr nun auch als Seniorenbetreuerin.

Auch bei mir hat – wie bei vielen heute in diesem Bereich Beschäftigten – die Seniorenbetreuung mit Nachbarschaftshilfe und der Alltagsbegleitung älterer Familienmitglieder angefangen.

Haushaltsdienst, Einkäufe, leichte Bewegungsübungen, Gesellschaftsspiele, Spaziergänge und Gedankenaustausch waren Dinge, die ich ohne Weiteres oder spezielle Vorbildung leisten konnte.

Immer habe ich dabei erlebt, wie einfach es ist, einem Menschen zu helfen oder eine kleine Freude zu machen, einfach nur, indem man ihnen ein wenig Zeit widmet.

Doch auch wenn ich also schon einige Erfahrung mit Tätigkeiten gesammelt hatte, die jetzt als „Seniorenbetreuung" bezeichnet werden, bin ich nie auf den Gedanken gekommen, das auch beruflich zu machen.

Ich habe schließlich etwas ganz anderes gelernt und seither kaum einen Blick über den Tellerrand gewagt.

Außerdem empfindet man solche Dienste für Familienmitglieder oder Verwandte eher als selbstverständlich, hat in unserem anonymen Alltag aber noch lange keinen Blick für die Bedürfnisse völlig Fremder.

Als ich aber zunehmend den Drang verspürte, mich beruflich zu verändern, fiel mir wieder ein, wie gerne ich diese Betreuungstätigkeiten übernommen hatte. Und so kam ich zunächst auf den Gedanken, mich ehrenamtlich im sozialen Bereich zu engagieren.

Gleichzeitig machte ich mich auf die Suche nach neuen erwerbsberuflichen Perspektiven, las Bücher, die helfen sollten, meine „wahre Berufung" zu finden, erstellte sorgfältig eine Liste meiner Fähigkeiten, Kindheitsträume und Beschäftigungen, von denen mir andere immer bestätigen, dass ich darin gut bin.

Und ich las auf verschiedenen Wegen (Zeitungen, Internet, Aushänge, etc.) viele Stellenanzeigen. Dabei wurde ich immer deprimierter und verzagter.

Vielleicht ist es dir ja auch schon so gegangen: irgendwie hat man bei diesen Stellenanzeigen immer das Gefühl, zu wenig zu können, bisher nichts Vorzeigbares erreicht zu haben und mit der beschriebenen Stelle völlig überfordert zu sein. Egal, was man schon alles kann und geleistet hat, die Stellenanzeige ist anscheinend immer für andere geschrieben.

Was also machen? Einfach weiter wie bisher? Alles andere als Hirngespinste abtun und dann eben meine „Erfüllung" mit einer ehrenamtlichen Tätigkeit finden?

Das kam aber für mich auch nicht in Frage.

Durch Zufall hörte ich dann von einer Bekannten, die über eine Internetgemeinschaft schon seit längerem nebenberuflich als Seniorenbetreuerin tätig war und unterhielt mich bei nächster Gelegenheit ausführlich mit ihr darüber.

Da war sie, meine Möglichkeit! Eine für mich völlig neue Tätigkeit, die sinnvoll ist, Spaß macht und – bei richtiger Organisation - finanzielle Unabhängigkeit ermöglicht.

Und so meldete ich mich auf der Internetseite an, bewarb mich einige Male auf privat ausgeschriebene Stellen, bekam eine, die mir dann weitere Kontakte und Jobs ermöglichte, und bin seither auch als Seniorenbetreuerin tätig.

Bereut habe ich es noch keinen Tag und **ich glaube fest daran, dass diesem Bereich nicht nur meine Zukunft gehört**.

Meine bisherigen Erfahrungen gebe ich daher in diesem Ratgeber gerne an dich weiter und hoffe, dir damit zu helfen und dich zu begeistern.

Der Ratgeber ist natürlich eine sehr subjektive Auswahl, zeichnet aber Rahmenbedingungen und viele Planungsschritte so nach, dass sie auch für dich umsetzbar und individuell anzupassen sind.

Rechtliches wie z.B. eine Gewerbeanmeldung etc. habe ich bewusst außen vor gelassen, das sprengt den Rahmen eines kleinen Ratgebers zur ersten Orientierung.

Wenn du beginnst, dauerhaft in erheblichem Umfang Einnahmen mit der Seniorenbetreuung zu erzielen, ist es ratsam, eine entsprechende Gründungsberatung (oder Rechts-/Steuerberatung) in Anspruch zu nehmen, um nicht unnötig in Fallen zu tappen, die alles wieder gefährden.

Außerdem ist es dann natürlich auch sinnvoll, wenn nicht gar notwendig, nach und nach Fortbildungen in diesem Bereich zu absolvieren (vgl. letztes Kapitel).

Was auch immer dich dazu bewegt, als Seniorenbetreuer tätig zu werden:

Arbeite mit Freude und organisiere deine Tätigkeit gut, dann wirst du nicht nur anderen Menschen vielfältig helfen können, sondern auch gutes Geld damit verdienen und viel erleben, was dein Leben reicher macht!

17

18

Seniorenbetreuung – ein neues Berufsbild

Was aber ist nun ein Seniorenbetreuer überhaupt genau?

Die Bezeichnung „Seniorenbetreuer" bezeichnet kein festes Berufsbild, für das man sich durch Absolvierung einer entsprechenden Ausbildung o.ä. qualifizieren muss.

Schaut man sich die Berufsinformationsseiten der Arbeitsagentur an, findet man den Begriff des Seniorenbetreuers gar nicht. Im Bereich Aus-/Weiterbildung werden dort nur zwei Bereiche benannt, die in die Richtung Seniorenbetreuung gehen: die sog. *„Fachkraft für Betreuung"* und den *„Helfer im Bereich Altenpflege/Persönliche Assistenz"*.

Für beide Bereiche wird sehr pauschal dargestellt, dass

- **hilfs- und pflegebedürftige Menschen unterstützt werden und dies**

- **hauptsächlich in Pflegeeinrichtungen, Heimen, Tagesstätten sowie bei Betreuungsdiensten,**

- **aber auch in Privathaushalten.**

Eine Ausbildung wird nicht vorausgesetzt, mögliche Qualifizierungsmaßnahmen liegen in der Hand privater Bildungsträger, d.h. Inhalt und Umfang können ganz unterschiedlich ausgestaltet sein.

Beide Begriffe treffen das umfassende Feld der Seniorenbetreuung nur unbestimmt und lassen kaum ahnen, **wie vielfältig die Möglichkeiten in diesem Bereich** für dich sind.

Aber sie zeigen immerhin, dass es **keine hohen Zugangsvoraussetzungen** gibt und du eine **breite Auswahl an Weiterbildungsmöglichkeiten** hast.

Es geht also grundsätzlich um die Betreuung von erwachsenen Menschen („Senioren"), die Hilfe im Alltag benötigen oder wünschen.

Dies können alte Menschen sein, behinderte Erwachsene oder solche, die z.B. durch einen Unfall, Schlaganfall o.ä. beeinträchtigt sind.

Ist dort professionelle Alten- bzw. Krankenpflege notwendig, wird diese zumeist über die Kranken-/Pflegeversicherung organisiert und bezahlt. Allerdings wird hierdurch nur die medizinisch-notwendige Versorgung abgedeckt und entsprechend den Budget-Vorgaben quasi „am Fließband" abgehandelt. Auch Angehörige, die sich um hilfsbedürftige Familienmitglieder kümmern, sind in ihren zeitlichen und praktischen Möglichkeiten oft beschränkt.

So bleibt im Alltag oft viel Zeit, in denen die Betroffenen alleine weder in der Lage sind, sich um sich und ihre Umgebung zu kümmern, noch gar aktiv am gesellschaftlichen Leben teilzunehmen.

Viele Alten- oder Krankenpfleger z.B. haben dies schon erkannt und beklagen, dass genau die menschliche Zuwendung und Förderung, für die sie ursprünglich ihren Beruf ergriffen haben, systematisch auf der Strecke bleibt.

Manche sind deshalb bereits aus den klassischen Pflegeberufen ausgestiegen, um in der Seniorenbetreuung wieder mehr Gestaltungsfreiheit im Sinne ihres sozialen Berufs zu haben.

Oft ist aber noch gar kein gesteigerter Pflegebedarf vorhanden, sondern es geht darum, persönliche Unabhängigkeit und Teilhabe im Alltag zu erhalten.

Es bedarf manchmal nur kleiner Handreichungen, z.B. Hilfe beim Einkauf oder im Haushalt, um den Betroffenen zu ermöglichen, im eigenen Haushalt bleiben zu können statt in ein Heim ziehen zu müssen.

Oder kleiner Anregungen und Gesellschaft, um Menschen aus sozialer Isolation, Vereinsamung und Vernachlässigung zu befreien.

Als **Seniorenbetreuer kann** man auf vielen Gebieten eine **Bereicherung für die Betreuten und eine Entlastung für Familienangehörige** sein, die diese Dienste bislang neben eigener Familie und Beruf leisten.

Man ist also ein **sozialer Betreuer, z.B. in Abgrenzung zu einem gesetzlichen Betreuer**, der vom Amtsgericht offiziell beauftragt wird, sich um die rechtlichen, finanziellen oder gesundheitlichen Belange des Betroffenen zu kümmern.

Anders als bei der Pflege steht bei der sozialen Betreuung die Persönlichkeit des Betreuten im Vordergrund, seine Bedürfnisse und seine Wünsche für die Alltagsgestaltung.

Es geht um menschliche Auseinandersetzung, Beistand, Kommunikation, Zeit und Aufmerksamkeit.

Hier ein erster Überblick über die möglichen Tätigkeitsfelder:

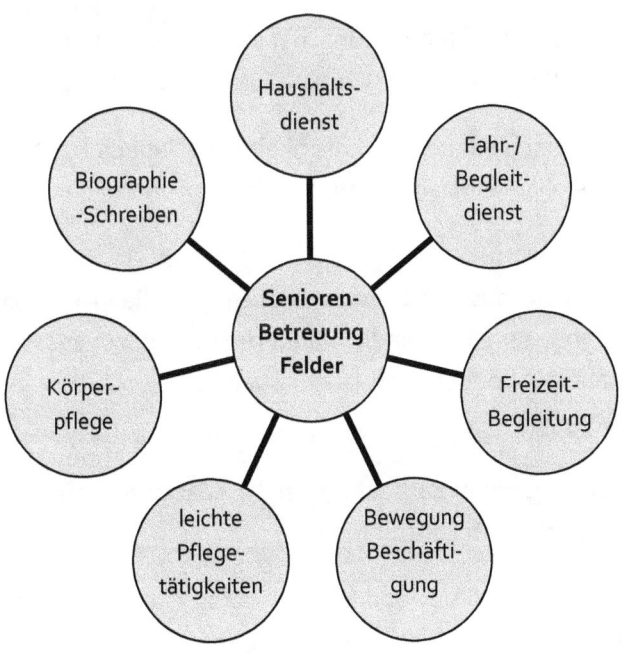

Mit dem Schaubild kannst du schon selber prüfen, ob für dich ein Feld dabei ist, in dem du dir vorstellen kannst zu arbeiten..

Wenn dir ein Bereich gefällt und du ihn dir zutraust, stellt sich die nächste Frage von alleine.

Wie kann ich Seniorenbetreuer werden?

Die Antwort darauf ist zunächst sehr einfach: indem du dich dafür entscheidest, Seniorenbetreuer zu werden!

Die verschiedenen Möglichkeiten (Nebenjob, fest angestellt, selbständig etc.) stelle ich unten genauer dar.

Natürlich musst du grundsätzlich für die Tätigkeit geeignet sein, um wirklich längerfristig und zuverlässig helfen zu können und auch Spaß an der Arbeit zu haben.

Diese „Grundvoraussetzungen" erläutere ich im nächsten Kapitel ausführlich.

Ist dein Entschluss erst einmal gefasst, gibt es nicht viele Hindernisse auf dem Weg zu deinem ersten Arbeitstag als Seniorenbetreuer.

Und was kann ich als Seniorenbetreuer verdienen?

Die Höhe deines Einkommens ist abhängig von vielen Faktoren wie z.B.:

- Willst du haupt- oder nebenberuflich als Seniorenbetreuer arbeiten?
- Willst du abhängig beschäftigt werden oder selbständig arbeiten?
- Welche konkreten Tätigkeiten bietest du an und in welchem Umfang?
- Hast du Erfahrungswerte oder besondere Qualifikationen für bestimmte Tätigkeiten?
- Wer zahlt für die Betreuung (privat, Angehörige, Kranken-/Pflegeversicherung)?

Grundsätzlich bestimmst du also selbst den Rahmen deiner Tätigkeit und damit die Mindesthöhe deines Einkommens. Alles Weitere ist auch eine Frage der Vereinbarung mit dem jeweiligen Betreuten.

In der Regel werden Stundenlöhne zwischen 7,00 € und 30,00 € gezahlt, je nach Art und Umfang der Tätigkeit. Ich kenne aber auch Seniorenbetreuer, die im Laufe der Zeit einen deutlich höheren Stundenlohn erzielt haben.

Was macht ein Seniorenbetreuer praktisch?

Als Seniorenbetreuer stattest du den Menschen regelmäßige Besuche ab, verschaffst dir grundsätzlich einen Überblick über deren Haushalt und Versorgung sowie besondere Bedürfnisse.

Welche Tätigkeit du dann in welchem zeitlichen Umfang ausübst, bestimmt sich vor allem nach dem Auftrag, sprich den Wünschen des Betreuten.

Es gibt eine große Spannbreite an möglichen Hilfsleistungen und deshalb ist diese Tätigkeit gerade auch für Einsteiger geeignet.

Seniorenbetreuung kann z.B. folgende Dienste beinhalten:

- **Haushaltsdienst** (Wohnungsreinigung, Wäsche, Mahlzeiten zubereiten)
- kleinere **Handwerksdienste**, leichte **Gartenarbeiten** etc.
- **Fahrdienst** (z.B. für Arztbesuche, Behördengänge)
- **Begleitung** (Einkauf, Arztbesuche, sonstige Termine)
- **Freizeitbegleitung** (Kulturveranstaltungen, Sport, Gesellschaftsspiele, Museumsbesuche, Ausflüge, Reisen)
- **Korrespondenz**

- **Schreiben von Lebenserinnerungen/**

- Biographien
- Sprachtraining
- Gedächtnistraining
- Beweglichkeitstraining
- Körperpflege
- leichte Krankenpflege

So vielfältig wie die Tätigkeitsgebiete, so uneinheitlich sind auch die bisherigen Bezeichnungen für die Arbeit als Seniorenbetreuer: *Betreuungshelfer, Alltagsbegleiter, Pflegehelfer, Senior-Assistenz, Demenz-Begleitung, Gesellschafter,* etc.

Dies hängt auch damit zusammen, dass die auch Nachfrage nach Seniorenbegleitung vielfältig motiviert ist. Von tatsächlicher Hilflosigkeit bis hin zu reiner Einsamkeit gibt es viele Gründe, warum Menschen Unterstützung suchen.

Grundsätzlich ist es jedem Seniorenbetreuer dabei selbst überlassen, einzuschätzen was er leisten kann und zu leisten bereit ist.
Echte Krankenpflege z.B. sollte natürlich nur von entsprechend ausgebildeten Personen durchgeführt werden (zum Wohle der Patienten und aus Haftungsgründen).

Man muss dabei immer die Bedürfnisse der zu betreuenden Person im Auge halten und seine eigenen Kräfte/Fähigkeiten realistisch einschätzen.

In dem einen oder anderen Fall wird man dann auch merken, dass man ohne Fortbildung im entsprechenden Tätigkeitsbereich schnell an seine eigenen physischen und psychischen Grenzen stößt. Damit ist niemandem geholfen, schon gar nicht den Menschen, für die man Verantwortung übernommen hat!

<u>Ich kann dir also an dieser Stelle schon den Rat mitgeben, immer im Dialog zu bleiben mit deinen Auftraggebern/Betreuten</u> und im Zweifel auch lieber einen Auftrag nicht anzunehmen oder zu beenden statt nur wegen des Geldes weiter zu machen.

Seniorenbetreuer zu sein, bedeutet Verantwortung für einen Menschen zu übernehmen. In einem gewissen Zeitrahmen und für bestimmte Tätigkeiten. Aber immer für einen Menschen, dessen Vertrauen du gerecht werden solltest.

Grundvoraussetzungen

Welche Fähigkeiten muss ich mitbringen, um ein guter Seniorenbetreuer zu werden?

Als Seniorenbetreuer übernimmst du in vielen Fällen Aufgaben, die du auch zuhause schon routiniert ausführst. Der Einstieg wird dir also entsprechend leicht fallen.

Der Unterschied zu deinem bisherigen Alltag ist aber, dass das Ergebnis deiner Arbeit den Bedürfnissen und Ansprüchen eines anderen Menschen gerecht werden muss.

Die Menschen, die du betreust, sind oftmals mit völlig anderen Einflüssen und stark abweichenden Erfahrungswerten aufgewachsen als du. Sie leben vielleicht unter ungewöhnlichen Bedingungen und haben andere Schwierigkeiten mit Mitteln gemeistert, über die man oft nur staunen kann.

Es ist wichtig, dir das deutlich vor Augen zu führen, damit du nicht nur einfach „Arbeit wie bestellt" ablieferst, um dafür Geld zu bekommen, sondern tatsächlich Hilfe leistest. Du musst dein Handeln entsprechend anpassen können, um in der einen oder anderen Situation nicht Unverständnis zu ernten oder die Betreuten sogar zu verärgern oder zu erschrecken.

Die wichtigste Grundvoraussetzung für die erfolgreiche Tätigkeit als Seniorenbetreuer ist natürlich immer, dass du grundsätzlich **gerne Umgang mit Menschen** hast, ihnen **wohlgesonnen** bist und **liebevoll** mit ihnen umgehen kannst.

Aufmerksamkeit von einem anderen Menschen und **menschliche Wärme** gehören nämlich zu den Dingen, die viele hilfsbedürftige Personen in ihrem Alltag am meisten vermissen. Viele sind sonst über Stunden sich selbst und ihren eigenen Gedanken überlassen, vielleicht mit dem Fernseher als einzigem Begleiter.

Selbstverständlich musst du **zuverlässig** und **pünktlich** die regelmäßig vereinbarten Termine wahrnehmen. Du wirst feststellen, dass oft erst nach einiger Zeit genügend Vertrauen aufgebaut ist, um nachhaltig Hilfe leisten zu können.

Das beinhaltet auch Absprachen für den Fall deiner Verhinderung wegen Krankheit oder Urlaub.

Es kommt im Allgemeinen sehr auf deine **sozialen Kompetenzen** an und das nicht nur bezogen auf die zu betreuenden Personen, sondern auch auf dich selbst. Du benötigst ein gewisses Maß an **Selbstvertrauen**, **Eigenverantwortung** und **Selbstdisziplin**, um auch Verantwortung für andere übernehmen zu können.

Hilfsbereitschaft, Einfühlungsvermögen und **Respekt** für dein Gegenüber sollten Basis deiner Tätigkeit sein.

Wichtig ist auch, dass du dir Mühe gibst, eine **gute Kommunikation** mit den Betreuten und auch den Angehörigen oder anderen Beteiligten zu pflegen.

Dazu gehört aktives Zuhören, Hinterfragen der eigentlichen Motivation und ein gutes Einschätzungsvermögen, wann man seine eigene Auffassung zum Wohle des Betreuten zurückstellen oder aber durchsetzen muss.

Aber auch Dinge wie zwangloser **Körperkontakt**, wo es für die Tätigkeit notwendig ist, im richtigen Nähe-Distanz-Verhältnis.

Im besten Fall gelingt es dir z.B. auch, die Stimmungslage und das Verhalten der betreuten Person **positiv zu beeinflussen**. Hast du ein von Natur aus fröhliches Wesen, hilft das oft schon weiter.

Bist du ein **Organisationstalent**, ist das allein schon viel wert. Du musst dich dabei den Möglichkeiten und vor allem dem Tempo deiner Betreuten anpassen und dennoch in der Lage sein, alle notwendigen Dinge erledigt zu bekommen.

Fällt dir Handarbeit oder Handwerken leicht, wirst du auch hierfür vielfältige Einsatzmöglichkeiten in der Seniorenbetreuung finden.

Du siehst: es kommt vor allem ganz stark auf dich an, nicht auf irgendein erlerntes Wissen!

Zwar kann ein gewisses Grundwissen sicher nicht schaden, deshalb liest du ja z.B. auch gerade dieses Buch. Hast du schon bestimmte Erfahrungen vorzuweisen, umso besser.

Aber kein Buch, keine Ausbildung und kein Studium kann deine sozialen Fähigkeiten ersetzen.

Das Arbeitsfeld als Seniorenbetreuer hat also einen Riesen-Vorteil: man benötigt keinen Ausbildungsnachweis, kein Zeugnis oder gar einen Studien-Abschluss.

Man kann sich auf seine eigenen Fähigkeiten besinnen und diese ausbauen, um z.B. aus der Arbeitslosigkeit, als Quereinsteiger, Existenzgründer etc. einfach aus Leidenschaft für das Arbeiten mit Menschen als Seniorenbetreuer anzufangen.

Man muss dafür nicht Supermann oder - frau sein, Intelligenztests oder andere Bewerbungsverfahren durchlaufen, um überhaupt Aussicht auf eine Stelle zu haben.

Ein Seniorenbetreuer muss zunächst einmal vor allem eins können: in der Lage sein, sich ganz auf den zu betreuenden Menschen einzulassen und seine Bedürfnisse aufmerksam wahrnehmen.

Welche einzelnen Fähigkeiten du mitbringen musst, kannst du auch durch deine eigene Auswahl der angebotenen Tätigkeiten einschränken. Hast du bestimmte Fähigkeiten nicht, suchst du dir halt ein Arbeitsfeld, in denen sie auch gar nicht benötigt werden.

Du kannst selber festlegen, wen du überhaupt betreuen möchtest, z.B.

- Frauen oder Männer,
- körperlich und / oder geistig eingeschränkte Menschen,
- noch (teil)mobile oder bettlägerige Menschen,
- Menschen im eigenen Haushalt oder in Fremdunterbringung etc.

Vielleicht bist du für die Betreuung von Menschen in der einen Situation besser geeignet als in der anderen.

Frag dich z.B. auch, ob und welche Menschen du kennst oder sogar im eigenen Umfeld hast, die in irgendeiner Form hilfsbedürftig sind.

Ist dir der Umgang mit ihnen bisher leicht gefallen, hast du schon ein wenig Erfahrung mit speziellen Hilfsdiensten? Prima, dann such dir vielleicht für den Anfang eine Stelle mit einer ähnlichen Person.

Checkliste für deine Eignung als Seniorenbetreuer:

☐ Habe ich gerne Umgang mit anderen Menschen?

☐ Behandele ich andere Menschen liebevoll und mit Respekt?

☐ Kann ich mich gut in die Lebensumstände anderer Menschen einfühlen?

☐ Habe ich einen Blick für Situationen, in denen andere Menschen Hilfe benötigen?

☐ Bin ich ein geduldiger, hilfsbereiter Mensch?

☐ Bin ich pünktlich und zuverlässig?

☐ Fällt es mir leicht, auf andere zuzugehen und mit ihnen zu sprechen?

☐ Spreche ich ruhig, klar und freundlich auch mit Fremden?

☐ Kann ich andere Denk- und Handlungsweisen nachvollziehen und akzeptieren?

☐ Bin ich in der Lage, mich an verschiedene Situationen anzupassen und klare Entscheidungen zu treffen?

☐ Kann ich Tagesabläufe oder z.B. den Haushalt gut organisieren?

☐ Fällt es mir leicht, benötigte Informationen zu recherchieren und zu vergleichen?

☐ Bin ich in der Lage, meine Fähigkeiten und Kräfte regelmäßig zu hinterfragen und richtig einzuschätzen?

Wenn du die eine oder andere Frage ehrlich mit „Nein" beantwortet hast, heißt das noch lange nicht, dass du grundsätzlich ungeeignet bist für die Tätigkeit als Seniorenbetreuer. Aber es ist gut, seine eigenen Schwächen zu kennen, um seine Tätigkeit auf die eigenen Stärken ausrichten zu können.

Also ärgere dich nicht darüber, was du nicht kannst, sondern spezialisier dich auf das, was du gut kannst!
Dann kannst du wirklich helfen, ohne dich und die Betreuten zu überfordern.

Außerdem kann man die eine oder andere Schwäche auch mit entsprechenden Weiterbildungsmaßnahmen beseitigen.

Aushilfsjob, Festanstellung oder Selbständigkeit

Das Tolle an der Tätigkeit als Seniorenbetreuer ist auch, wie flexibel man seine Arbeitszeit und - kraft einsetzen kann.

Du kannst auch selber entscheiden, ob du abhängig beschäftigt oder lieber selbständig tätig sein willst. Das hängt natürlich vor allem davon ab, wie viel Einkommen du erzielen möchtest (oder musst).

Nach den bisherigen Statistiken üben die meisten Seniorenbetreuer die Tätigkeit bislang wohl als Nebenjob aus.

Eine nebenberufliche Tätigkeit hat vor allem dann Vorteile, wenn man bereits eine andere gute Stelle hat und z.B. durch die zusätzliche Arbeit nur sein Einkommen verbessern möchte. Oder aber, wenn man langfristig aus seinem bisherigen Job aussteigen, die Sicherheit aber erst aufgeben will, wenn man das zweite Standbein schon gut aufgebaut hat.

Egal, ob man neben- oder hauptberuflich als Seniorenbetreuer tätig ist, gilt es, zu entscheiden, ob man **abhängig beschäftigt** sein möchte **oder lieber selbständig tätig**.

Als abhängig Beschäftigter musst du dich um nichts

weiter kümmern, als deinen Arbeitsvertrag anständig zu erfüllen. Kranken- und Rentenversicherung laufen über den Arbeitgeber und dieser ist dir gegenüber weisungsbefugt. Du hast Anspruch auf Lohnfortzahlung im Krankheitsfall und Urlaub. Und du erhältst einen festgelegten Lohn, dessen Höhe davon abhängig ist, ob du als Aushilfe (Minijob), teilzeit- oder vollzeitbeschäftigt bist.

Ob du für mehrere Arbeitgeber tätig sein darfst, hängt von deinen Vereinbarungen mit deinem (Haupt-) Arbeitgeber ab.

Allerdings kannst du nur begrenzt mehrere Aushilfsjobs annehmen, denn nach den gesetzlichen Regelungen für diese sog. Minijobs darfst du insgesamt monatlich nur max. 450,00 € verdienen.

Übrigens: auch wenn du nur wenige Stunden im Monat, aber regelmäßig als Seniorenbetreuer für deinen Arbeitgeber tätig bist, muss diese Tätigkeit angemeldet werden! Sonst ist es sog. „Schwarzarbeit" und du hast daneben keine Unfall-, Kranken- und Rentenabsicherung!

Auch wenn du für mehrere Arbeitgeber in Teilzeit tätig bist, ist es sinnvoll, dir ausrechnen zu lassen, ob du dadurch z.B. steuerlich nicht erhebliche Nachteile erleidest und besser versuchst, eine Vollzeit-Arbeitsstelle zu erhalten.

Realistisch muss man aktuell aber wohl davon ausgehen, dass du die besten Chancen hast, viele Auftraggeber zu finden, wenn du selbständig tätig bist.

Im Bereich der Seniorenbetreuung sind es oft die Angehörigen der zu betreuenden Person, die Hilfe und Entlastung suchen. Und nach meinen bisherigen Erfahrungen sind sie relativ selten bereit, jemanden fest einzustellen.

Das liegt daran, dass sie den zeitlichen Einsatz gerne nach Bedarf anpassen möchten, die Formalitäten der Lohnabrechnung/Sozialversicherung scheuen und vor vermuteten langen Kündigungsfristen und Kündigungsschutz zurückschrecken.

Ich kenne aber auch viele sowieso Selbständige / Freiberufler, die hauptsächlich in anderen Gebieten tätig sind und sich mit der Seniorenbetreuung nur einen Herzenswunsch erfüllen oder auftragsschwache Zeiten füllen wollen. Für sie wäre es steuerlich und von den Formalitäten her eher lästig, sich für diese Nebentätigkeit fest anstellen zu lassen.

Andererseits hat die Selbständigkeit auch für dich viele Vorteile: du kannst bestimmen, wie viele Auftraggeber du annehmen willst und organisiert bekommst und damit auch die Höhe deines Einkommens selber steuern. **Meist verdienst du auch deutlich besser als im Anstellungsverhältnis!**

Mit Weiterbildungsmaßnahmen kannst du deinen „Marktwert" erhöhen und damit auch einen höheren Stundenlohn verlangen.

Du musst dich allerdings auch in Eigenverantwortung um deine Kranken- und Rentenversicherung kümmern sowie Unfall- und Berufsunfähigkeitsvorsorge betreiben.

Du musst regelmäßig ordnungsgemäße Rechnungen schreiben, Zahlungseingänge überwachen und pünktlich Steuererklärungen abgeben.

Das ist alles kein „Hexenwerk", aber du musst dich halt darum kümmern. **Warst du bislang noch nie selbständig, ist es auf jeden Fall sinnvoll, eine Gründungs-Beratung in Anspruch zu nehmen!**

Als Selbständiger kannst du auch entscheiden, ob du alleinverantwortlich als Einzelunternehmer tätig sein möchtest oder dir andere Seniorenbetreuer als Geschäftspartner suchst, mit denen dauerhaft zusammenarbeiten möchtest.

Stichwort: Kostenübernahme, Steuern und Versicherungen

Für deine Arbeit- bzw. Auftraggeber ist natürlich immer interessant, ob sie ihre eigenen Ausgaben für deine Tätigkeit senken oder sogar ganz vermeiden können.

Leistest du z.B. echte Pflegetätigkeiten, solltest du dich verbindlich informieren, ob diese vielleicht (zumindest teilweise) von der Kranken- bzw. Pflegeversicherung übernommen werden können.

Führst du den Haushalt für eine Person, die nur vorübergehend, z.B. durch einen Unfall daran gehindert ist, muss geklärt werden, ob die Krankenversicherung/ eine private Unfallversicherung die Kosten übernimmt oder vielleicht sogar ein Unfallverursacher haftet.

Hier wird im Zweifel dein Arbeit-/Auftraggeber nicht um eine fachkundige Rechtsberatung umhin können.

Aber es ist deine Serviceleistung, ihn auf diese Möglichkeiten aufmerksam zu machen und damit zu punkten.

Wichtig zu wissen ist auf jeden Fall, dass deine Arbeit-/ Auftraggeber die Kosten für deine Tätigkeit zumindest teilweise von der Steuer absetzen können!

Bist du angestellt als Seniorenbetreuer tätig, gilt dies in der Regel als sog. haushaltsnahes Beschäftigungsverhältnis.

Arbeitest du als selbständiger Seniorenbetreuer, wird die Tätigkeit dann im Normalfall als haushaltsnahe Dienstleistung anerkannt.

Hilfst du als selbständiger Seniorenbetreuer vor allem handwerklich z.B. mit Reparaturen oder Renovierungsmaßnahmen im Haushalt deines Auftraggebers aus, sind dies sog. haushaltsnahe Handwerkerleistungen.

Diese „haushaltsnahen" Tätigkeiten können durch den Auftraggeber bei der Einkommensteuer-Erklärung geltend gemacht und in unterschiedlicher Höhe abgesetzt werden.

Die Anerkennung durch das Finanzamt hat zwei wichtige Voraussetzungen:

- die Tätigkeit muss **ordnungsgemäß abgerechnet** worden sein (Lohnabrechnung/ Rechnungsstellung) und

- die **Zahlung** muss nachweislich **durch Überweisung** (nicht bar oder sonstwie) erfolgt sein.

Als angestellter Seniorenbetreuer gelten für dich im Übrigen keine weiteren Besonderheiten. Dein Arbeitgeber ist für die ordnungsgemäße Abrechnung und Abführung der Lohnsteuer sowie der Sozialversicherungsabgaben zuständig.

Und du musst ganz normal einmal jährlich deine Einkommensteuer-Erklärung abgeben.

Für dich als selbständiger Seniorenbetreuer ist bzgl. Steuern folgendes wichtig zu wissen:

Als Freiberufler zahlst du keine Gewerbesteuer. Wer einen freien Beruf ausübt, ist katalog-mäßig geregelt (vgl. http://de.wikipedia.org/wiki/Freier_Beruf_(Deutschland)

Hast du keine entsprechende Ausbildung vorzuweisen, gilt deine selbständige Tätigkeit als Seniorenbetreuer grundsätzlich als gewerblich. Du musst das Gewerbe anmelden und **Gewerbesteuer** zahlen.

Je nach Jahresumsatz kannst du dich daneben eventuell als sog. Kleinunternehmer von der **Umsatzsteuer** befreien lassen (erkundige dich verbindlich bei deinem zuständigen Finanzamt!).

Die Befreiung von der Umsatzsteuer ist für deine Auftraggeber attraktiv, weil es deren Ausgaben senkt und erspart dir die Umsatzsteuermeldungen.

Willst du allerdings mit deiner selbständigen Tätigkeit auf Dauer ein angemessenes Einkommen erzielen, wirst du die steuerrelevante Umsatzgrenze bald überschreiten.

Auch als Selbständiger bist du natürlich **Einkommensteuer**-pflichtig und musst eine entsprechende Steuererklärung abgeben. Diese erfolgt auf Basis deines Einkommens (Umsatz nach Abzug aller betrieblichen Kosten und Steuern).

Hast du dir für deine selbständige Tätigkeit zuhause ein eigenes Zimmer als Büro eingerichtet, kannst du dies als Arbeitszimmer absetzen.

Ganz wichtig ist natürlich, dass du Verträge für deine **Krankenversicherung** und **Rentenvorsorge** abschließt. Für die bist du als Selbständer nun allein verantwortlich. Versicherst du dich nicht, bist du im Ernstfall binnen kürzester Zeit auf minimalste Sozialleistungen angewiesen!

Auch über eine **Unfallversicherung** solltest du nachdenken und dich beraten lassen.

Für Seniorenbetreuer grundsätzlich, egal ob angestellt oder selbständig, halte ich daneben eine **Haftpflichtversicherung** für sinnvoll.

<u>Am besten lässt du dich vor Aufnahme der Tätigkeit von einer unabhängigen Fachperson ausführlich über alle Möglichkeiten beraten!</u>

Kundenakquise

Du bist nun also wild entschlossen und von dem Gedanken begeistert, Seniorenbetreuer zu werden. Aber woher kommen nun deine Kunden?

Informier dich vielleicht erst einmal auf dem „klassischen" Weg über die Nachfrage nach Seniorenbetreuern in deiner Region, also über **Stellenanzeigen** in Tageszeitungen, Wochenblättern oder Kleinanzeigen.

Unter der Rubrik **Stellenangebote** kannst du auch schon sehen, ob viele deiner Mitbewerber diesen Weg für die Kundengewinnung gehen oder kannst direkt selber eine Anzeige schalten und abwarten, wie viele potentielle Auftraggeber sich melden.

Neben den klassischen Stellenbörsen in Zeitungen bieten sich auch **Kleinanzeigen**-Seiten im Internet an.

Oder mach es wie ich und starte über eine Mitgliedschaft bei einer **Internetplattform**. Du musst dazu keinen teuren „Premium"-Account einrichten, der kostenlose tut es auch!

Eine andere gute Möglichkeit sind **Aushänge** (in Supermärkten, Gemeindezentren, Altenheimen, Cafés oder wo auch immer Aushänge durch entsprechende Pinnwände erlaubt und gern gesehen sind).

Hierfür kannst du dir z.B. für kleines Geld Visitenkarten drucken lassen, das sieht professioneller aus als ein handschriftlicher Zettel. Du bist schließlich kein Teenager, der Nachhilfe oder Babysitten gegen Taschengeld anbietet, oder?

Erkundige dich auch aktiv bei **Freunden, Verwandten, Vereinskollegen** etc. nach möglichem Bedarf. Du wirst dich wundern, wie viele Menschen mit der Betreuung ihrer Angehörigen neben dem Beruf überfordert sind.

Mach bekannt, dass du Betreuungsdienste anbietest und leg dir ein paar gute Sätze zur schnellen Informationen über Art und Umfang deiner Tätigkeit zurecht. Dann bist du auf interessierte Nachfrage vorbereitet. Hast du besondere Erfahrungen oder Qualifikationen vorzuweisen, betone das besonders.

Fällt es dir schwer, allein Kunden zu finden und zu gewinnen, hast du auch die Möglichkeit, dir Auftraggeber von einer **Agentur** vermitteln zu lassen, die dafür Provision bekommt.

Inzwischen haben sich in vielen Städten Agenturen auch auf den Bereich der Seniorenbetreuung spezialisiert. Erkundige dich bei dir vor Ort oder im Internet, allerdings musst du dort aufpassen, dass du nicht bei einem Anbieter für „Betreuer" aus Osteuropa o.ä. landest.

Bei Agenturen findest du oft auch schon ein Netzwerk

vor und kannst dich mit anderen austauschen.

Hast du dann Kontakt zu möglichen Kunden/Arbeitgebern, unterscheide genau, von wem die Initiative für eine mögliche Betreuung ausgeht und wer dich z.B. zum ersten Gespräch bittet:

Sind es <u>Angehörige</u> oder Bekannte, die

- **auf Wunsch der zu betreuenden Person** die Suche übernommen haben oder

- die **auf eigene Veranlassung in Absprache der zu betreuenden Person** suchen, auch um selbst entlastet zu werden, oder

- die **auf eigene Veranlassung ohne Absprache oder sogar gegen den Willen der zu betreuenden Person** suchen, um eine Änderung der Zustände herbeizuführen oder auch, um selbst entlastet zu werden.

Oder ist es die <u>zu betreuende Person selber,</u>

- **weil** sie erkennt und akzeptiert, dass sie **hilfsbedürftig** ist **oder** sich einfach mehr **Begleitung und Aktivität gewünscht;**

- weil sie **auf Anraten** von Pflegekräften oder Familienangehörigen die Inanspruchnahme von **Alltagsbegleitung in Erwägung** zieht oder

- weil sie **von Dritten gedrängt oder** sich **aus einer akuten Notsituation heraus gezwungen** sieht, **Hilfe in Anspruch zu nehmen**.

Für dich ist diese Unterscheidung aus mehreren Gründen wichtig:

- Dir muss von Beginn an klar sein, ob du unter den gegebenen Voraussetzungen überhaupt arbeiten möchtest.

- Du musst wissen, wer dein tatsächlicher Auftraggeber ist und wessen Anweisungen du befolgen sollst.

- Du kannst leicht in einen Interessens- oder Gewissenskonflikt geraten, wenn Dritte die treibende Kraft sind und die Regeln bestimmt haben, du aber feststellen musst, dass die zu betreuende Person durchaus einen eigenen Willen äußert oder ganz andere Bedürfnisse hat.

Aus all diesen Konstellationen kann eine gute Zusammenarbeit erwachsen, wenn man sich über die Bedingungen im Klaren ist und entsprechende Vereinbarungen trifft. Aber nur du kannst wissen, ob du Hilfe so leisten kannst und willst.

Es fällt Menschen oft sehr schwer einzusehen, dass sie Hilfe benötigen oder mit Hilfe schlichtweg deutlich mehr Lebensqualität erreichbar wäre. Sie wollen nichts ändern und ihre Selbständigkeit nicht aufgeben, auch wenn sie mehr einschränkt als bereichert.

In diesen Fällen kann es sogar gut sein, wenn sie von Dritten aus ihrer Situation befreit oder „wachgerüttelt" werden. Aber du kannst niemanden zwingen, deine Hilfe anzunehmen und dafür zu bezahlen.

Viele der älteren Menschen, die heute betreuungsbedürftig sind, stammen noch aus einer Generation, die mit einem anderen Familienbild und – zusammenhalt groß geworden ist. Ihnen fällt es schwer, mit ihrer Einsamkeit oder Hilflosigkeit zurecht zu kommen.

Noch dazu hat diese Generation im Leben gelernt, alleine zurecht zu kommen und die schwierigsten Situationen aus eigener Kraft zu meistern. Umso schwerer fällt es ihnen jetzt, Hilfe anzunehmen, erst recht von Fremden.

Biete deine Hilfe an, stell die Vorteile und Möglichkeiten dar, mit denen du das Leben bereichern oder leichter machen kannst, aber dräng niemanden eine Entscheidung auf.

Erstes Kennenlernen

Wie in vielen anderen Lebensbereichen ist der Moment der ersten Begegnung für beide Seiten sehr wichtig, um herauszufinden, ob man zusammenarbeiten kann und will. Wir alle entscheiden intuitiv und binnen weniger Augenblicke, ob uns jemand z.B. sympathisch, glaubwürdig oder authentisch erscheint und ob wir uns in seiner Gegenwart wohl fühlen oder nicht.

Bei einer persönlichen Dienstleistung wie der Seniorenbetreuung, oft verbunden mit engem Körperkontakt und Einblicken in die Privatsphäre anderer Menschen, **muss die Chemie stimmen, damit eine längerfristige vertrauensvolle Zusammenarbeit entstehen kann.**

Nicht jeder kann und muss dich mögen, genauso wenig wie du jeden gleich lieb haben musst. Du hast bei dem ersten Kennenlernen jedoch den großen Vorteil, dass es für dich um eine professionell-rationale Angelegenheit geht, während die Annahme von Hilfe für die zu betreuende Person vor allem eine emotionale Entscheidung ist.

Selbst wenn du vor dem ersten Gespräch also ziemlich aufgeregt bist, kannst du dir ziemlich gewiss sein, dass dein Gegenüber sich noch deutlich unsicherer fühlt als du.

Berücksichtige das, wenn jemand vielleicht zunächst ziemlich kühl oder abweisend wirkt.

Für einen guten ersten Eindruck kannst du mit einem, sicheren, sympathischen **Auftreten**, einem **gepflegten äußeren Erscheinungsbild** und **aufmerksamen Blick für die Situation** des zu Betreuenden schon sehr viel richtig machen. Steck auf jeden Fall deinen **Personalausweis, einen Stift und Zettel** ein für das erste Gespräch.

Du wirst nicht zum Kaffeetrinken und Plaudern gebeten, sondern es geht darum zu prüfen, ob du eine vertrauenswürdige und geeignete Person für die konkrete Stelle bist.

In vielen Fällen werden Familienangehörige der zu betreuenden Person zumindest anwesend sein und mitreden wollen. Sie werden dich möglicherweise „auf Herz und Nieren" prüfen wollen, denn es geht für sie um zwei ihrer Heiligtümer: die Versorgung geliebter Verwandter und im Zweifel auch um ihr Geld, das sie für deine Leistung zahlen.

Im ersten Gespräch gilt es für dich herauszufinden, welches konkrete **Anforderungsprofil** die Kunden haben und selber gut darzulegen, welche **Stärken und Fähigkeiten** du zu bieten hast.

Dann gilt es zu prüfen, ob die Anforderungen der Kunden und dein Leistungsprofil soweit übereinstimmen, dass eine Zusammenarbeit in Frage kommt.

Vorsicht ist geboten, **wenn** du merkst, dass die potentiellen **Kunden gar nicht wirklich wissen, was sie suchen**, sondern einfach nur unbestimmte Entlastung für sich selber erhoffen!

Dann musst du herausfiltern, was wirklich erwartet wird und ob du bereit und in der Lage bist, dies regelmäßig zu leisten.

Oft haben die Angehörigen oder zu betreuenden Personen auch ganz falsche Vorstellungen oder suchen ein billiges „Rundum-Personal". Du musst dann ruhig darlegen, dass niemand erwarten kann, dass du z.B. die komplette Haushaltsführung (kochen, waschen, putzen, einkaufen, etc.) für eine Person übernimmst und das in drei Stunden pro Woche gegen einen Stundenlohn von 5,00 € zu leisten ist.

Mach dir während des ersten Gesprächs Notizen darüber, welche Tätigkeiten und Fähigkeiten konkret gefordert werden und mach dir auch ein Bild davon, ob es erschwerende Umstände für deine Tätigkeit gibt (z.B. starke Verwahrlosung, Sprachbarriere etc.).

Hier einige Fragen, auf die du dich seitens der zu betreuenden Person oder ihrer Angehörigen vorbereiten solltest:

- **Was ist deine Motivation, als Seniorenbetreuer arbeiten zu wollen?** (Geht es dir nur ums Geldverdienen statt um den Menschen? Bist du vertrauenswürdig, z.B. um Zutritt zur Wohnung zu erhalten)

- **Hast du eine entsprechende Ausbildung/ Qualifikation/Zeugnisse vorzuweisen oder bist du Laie**?

- Wenn du Laie bist, **welche deiner Talente befähigen dich dazu, die Tätigkeit gut auszuüben?** (Hier geht es vor allem um deine sozialen Kompetenzen und deine Zuverlässigkeit)

- **Inwieweit bist du sensibilisiert für notwendige kleine Handreichungen oder zusätzliche Arbeiten?** (Es geht um Aufmerksamkeit und Hilfsbereitschaft statt „Dienst nach Vorschrift")

- **Hast du noch andere Personen in deiner Obhut und wenn ja, seit wann?** (Hast du Erfahrungswerte und kannst deine Tätigkeit so organisieren, dass du ihr ohne zu starken Zeitdruck überall gerecht wirst)

- **Kannst du im Zweifel mit Verstimmungen oder schwierigen Charaktereigenschaften der zu betreuenden Person umgehen?**

- **Wie sieht dein eigenes Alltagsleben aus (Familienstand, Hobbys etc.)?** (Bist du selber sozial eingebunden und an alltägliche Auseinandersetzung mit anderen gewöhnt? Gibt es gemeinsame Interessen mit der zu betreuenden Person? Allgemein wird ein offener, lebensfroher und vielseitig interessierter Mensch als Bereicherung wahrgenommen.)

- **Wie gehst du mit sachlicher Kritik oder Konfliktsituationen um?**

- **Bist du bereit, ein Führungs- und/oder Gesundheitszeugnis vorzulegen?** (Wenn du langfristig viel Zeit mit der zu betreuenden Person verbringst, hat diese ein berechtigtes Interesse auszuschließen, dass du ein übler Gewalttäter bist oder z.B. unter einer hochansteckenden Krankheit leidest.)

- Und natürlich: **Wie sind deine Vergütungsvorstellungen?**

Oft als selbstverständlich und ohne große Nachfrage vorausgesetzt werden Eigenschaften wie **Verantwortungsbewusstsein** und **Verschwiegenheit**.

Im Gegenzug solltest du in dem ersten Gespräch schon grundlegende Rahmenbedingungen abklären:

- **Welche konkreten Tätigkeiten sollen erledigt werden?**

- **Wer ist dein Arbeit-/Auftraggeber?**

- **Wie oft sollst du wohin kommen?**

- **Wer sind im Zweifel Ansprechpartner und Notfallstellen vor Ort?**

- **Wie ist die medizinische Grundsituation der zu betreuenden Person** (besondere Erkrankungen, Allergien, notwendige Medikation, worauf besonders zu achten)?

Wenn sich dann beide Seiten grundsätzlich eine Zusammenarbeit vorstellen können, beginne mit den konkreten Vertragsverhandlungen möglichst nicht im ersten Gespräch. Eine längerfristige und vertrauensvolle Zusammenarbeit sollte man nicht übereilen und das Erstgespräch würde dann auch schnell zu anstrengend für alle Beteiligten. Alle sollen ihre Eindrücke erst einmal sacken lassen. Vereinbare besser ein weiteres Gespräch in den nächsten Tagen, in dem dann in aller Ruhe die konkreten Vertragsinhalte besprochen und festgelegt werden.

Vertragsverhandlungen

Nachdem das erste Gespräch gut verlaufen ist und grundsätzlich Bereitschaft zur Zusammenarbeit besteht, geht es nun in die kritische Phase der Vertragsverhandlungen.

Kritisch deshalb, weil es vielen Menschen immer noch unangenehm ist, offen über Geld zu sprechen. Und kritisch auch, weil immer ein Konflikt vorprogrammiert ist: der Auftraggeber will möglichst viel Leistung für möglichst wenig Geld, du siehst das vielleicht eher umgekehrt, möchtest dich aber jedenfalls nicht unter Wert verkaufen.

Das bedeutet, dass du dich und deine Leistungen gut beschreiben können und genau wissen musst, wie viel du dafür verlangst und warum das gerechtfertigt ist.

Das Ergebnis der Vertragsverhandlungen hängt zu einem guten Teil also von deinem sicheren Auftreten und überzeugenden Argumenten ab. Niemand wird dir mehr Geld anbieten, als du dir selber wert bist!

Du hast im ersten Gespräch einen Eindruck über die Grundsituation der zu betreuenden Person gewonnen und auch herausgefiltert, welche konkreten Tätigkeiten gewünscht werden und welchen Zeitumfang sie etwa umfassen. **Auf dieser Grundlage gilt es nun zu planen, bevor du das tatsächliche Vertragsgespräch führst:**

A) <u>Deine Vorbereitung</u>: beantworte zunächst folgenden Fragen für dich:

1. *Welche Leistungen bietest du im konkreten Fall an?*

   Handelt es sich ausschließlich um eher leichte Tätigkeiten oder ist etwas dabei, das besondere Fähigkeiten/Einsatz voraussetzt und daher höher vergütet sein sollte?

2. *Kalkuliere dein notwendiges Einkommen!*

3. *Kalkuliere deine mögliche Arbeitszeit!*

4. *Entwickle hieraus eine klare Vorstellung, wie hoch deine Vergütung pro Stunde mindestens sein muss und erhöhe diesen Stundenlohn zu einer Vergütungsspanne.*

5. *Sei in der Lage, die Vorteile deiner Leistungen und Fähigkeiten und deren speziellen Nutzen für den Betreuten überzeugend darzustellen.*

6. *Entwickle alternativ Pauschalangebote, die für beide Seiten machbar sind und die dir ein Grundeinkommen sichern und genügend Zeit lassen, weitere (besser bezahlte) Aufträge anzunehmen.*

7. *Trainiere dein Verhandlungsgeschick, indem du mit Freunden das Vertragsgespräch simulierst.*

Natürlich kann ich diese Fragen nicht für dich beantworten, aber ich gebe dir ein paar Grundüberlegungen und –argumente an die Hand, wie ich sie in der gleichen Situation angestellt habe:

ZU 1.:

Werden eher **hauswirtschaftliche Tätigkeiten** erwartet, **Begleitung und Beschäftigung oder** auch **pflegerische Aufgaben**? Geht es tatsächlich um die zu betreuende Person oder mehr um den Haushalt und notwendige Erledigungen?

Benötigen einzelne Aufgaben besonderes Wissen oder eine Vorbereitung? Erfordert die Tätigkeit volle Konzentration und Einsatz oder kann sie auch „nebenbei" erledigt werden?

Bist du die erste helfende Person nach langjähriger Vernachlässigung von Haushalt oder Sozialleben der zu betreuenden Person?

ZU 2.:

Welche anderen Einkommensquellen hast du? **Wie viel musst du monatlich mindestens verdienen, um alle laufenden Kosten** (inkl. deine Kranken- und Rentenversicherung!) und Steuern **abzudecken**? Verschaff dir einen klaren Überblick und runde großzügig auf.

Mache eine vollständige Aufstellung deiner Fixkosten:

- Miete+Nebenkosten (bzw. Abtragung/Hausgeld bei Eigentum)
- Energieversorgung
- Sach-/Vermögens-Versicherungen
- Krankenversicherung
- Rentenversicherung
- KFZ-Kosten
- Telefonkosten
- Mitgliedsbeiträge
- Betriebsmittel
- Einkäufe (Lebensmittel, Körperpflege, Kleidung, etc.)
- Freizeitgestaltung
- ....

ZU 3.:

Du musst auch realistisch einschätzen können, wie viele Stunden im Monat du für diese konkrete Tätigkeit tatsächlich regelmäßig aufbringen kannst, neben deinen familiären und sonstigen festen Verpflichtungen, Urlaubs- und eventuellen Krankheitszeiten. Nimm ein einfaches Wochen-Terminkalenderblatt als Vorlage und schraffiere alle Stunden weg, die bereits für feste Termine und Familienzeiten sowie Schlafen und feste Freizeit (z.B. Sportverein) wegfallen.

Dann plane feste Stunden für notwendige Tätigkeiten für den eigenen Haushalt (putzen, waschen, einkaufen, kochen, etc.) ein und streiche sie ebenfalls.

Bei den verbleibenden Stunden prüfe nun, ob und wie sie mit den von deinen Auftraggeber/n gewünschten Zeiten übereinstimmen bzw. sich koordinieren lassen.

Achte bei deinen Aufträgen von Anfang an darauf, nicht für einzelne Stunden kreuz und quer zwischen den Einsatzorten herfahren zu müssen. Du verlierst dabei viel Zeit, die keiner bezahlen möchte.

ZU 4.:

Musst du z.B. mindestens 2.500,00 € Umsatz machen um all deinen Verpflichtungen nachkommen zu können und hast realistisch 35 Stunden pro Woche dafür Zeit, sprich rund 140 im Monat, muss dein Stundenlohn also mindestens 18,00 € betragen. Für die Verhandlungen solltest du dann grundsätzlich eine **Vergütungsspanne** von 20,00 € - 25,00 € pro Stunde angeben, um zumindest die 18,00 € zu erhalten!

Informiere dich, ob du mit einem solchen Stundenlohn grundsätzlich konkurrenzfähig bist und welche Leistungen üblicherweise bei dieser Vergütungshöhe erwartet werden können.

Was viele nicht tun, aber trotzdem sehr sinnvoll ist, um langfristig motiviert zu arbeiten, ist sich zusätzlich folgende Frage zu stellen:

Was möchtest du verdienen, um ein Leben zu führen, dass dir gefällt (z.B. Reisen, Vermögensbildung, persönliche Weiterbildung etc.)? Hierfür wird meist ein deutlich höheres Einkommen notwendig sein als dein zuvor festgelegtes Minimum.

Schaffst du es (mit mehreren Auftraggebern), dieses Wunscheinkommen zu erzielen, wirst du morgens mit noch mehr Freude und Motivation aufstehen können, denn du weißt genau, wofür du arbeitest: dein eigenes gutes Leben und das deiner Lieben!

ZU 5.:

Hier kannst du nicht nur mit einschlägigen Erfahrungswerten oder Qualifikationen punkten, sondern auch mit deinen ganz persönlichen Eigenschaften. Die meisten Auftraggeber suchen ausdrücklich eine „liebevolle", „verantwortungsvolle", „zuverlässige", „geduldige", „nervenstarke" oder z.B. „durchsetzungsstarke" Person für die Betreuung. Und in der Regel gibt es dafür gute Gründe und **Angehörige wie Betreute suchen aus einem Zustand der Überforderung heraus**. Mach klar, dass du die notwendigen Eigenschaften besitzt und führe wenn möglich Beispiele an. Ich konnte z.B. schon damit punkten, dass ich bereits mehreren Menschen in meiner Umgebung beim Entrümpeln und Entsorgen ihres total überfüllten und heruntergewirtschafteten

Haushalts geholfen habe. Das hat mit beruflicher Qualifizierung nichts zu tun, beweist aber Nervenstärke, Organisationstalent und Durchhaltevermögen.

zu 6.:

Kann dein Auftraggeber realistisch nicht viel zahlen und hat aber auch keine festen Anforderungen an die zu leistende Stundenzahl, sondern sucht ergebnisorientiert Hilfe, ist vielleicht ein Pauschalangebot die richtige Möglichkeit für beide Seiten. Kalkuliere, in welcher Zeit du die geforderten Dinge schaffen kannst und versuche dann mit guter Organisation und Lückennutzung in deinem Wochenplan die Stunden effizient einzusetzen. Dann hast du zumindest ein kleines, aber festes Einkommen schon gesichert.

Versuche aber in jedem Fall, eine gute Mischung von Kunden zwischen Leistungsfähigkeit und zeitlichen Anforderungen zu haben. Hast du nämlich nur Kunden, denen du unregelmäßig, quasi auf Abruf stundenweise und für kleines Geld zur Verfügung stehen sollst, wirst du nicht nur frustriert, sondern leider auch bald pleite sein.

ZU 7.:

Du kommst dir vielleicht komisch vor, das Gespräch vorab durchzuspielen, aber das hat wirklich erhebliche Vorteile: du merkst beim lauten Aussprechen der verschiedenen Fragen und Argumente, an welchen Stellen du ins Stocken gerätst, was dich aufregt oder verunsichert.

An diesen Stellen gilt es, sich durch Wiederholung der wichtigen Argumente selber Sicherheit für den Ernstfall zu geben. Hast du dich gut vorbereitet, fällt es dir im Vertragsgespräch leicht, die ganze Zeit ruhig, freundlich und besonnen zu bleiben.

Denn selbst wenn keine Einigung zustande kommt, solltest du einen positiven Eindruck hinterlassen. Vielleicht kommt man später noch einmal aufeinander zu oder der potentielle Auftraggeber kann wenigstens als Multiplikator Werbung für dich machen.

Wenn du schon im Gespräch hektisch und unbeherrscht wirkst, wird dir jedenfalls keiner ernsthaft abnehmen, dass du die Tätigkeit liebevoll und ruhig ausüben kannst!

Zumeist wird es wohl so sein, dass du dein notwendiges oder gewünschtes Einkommen nicht mit einem Auftraggeber alleine erzielen kannst. Du wirst mehrere Personen während der Woche betreuen und deine Zeit entsprechend gut planen und organisieren müssen (vgl. Kapitel „Tagesablauf / Wochenplan").

Aber all das musst du auch bei den einzelnen Vertragsverhandlungen klar vor Augen haben: wie viele Stunden deiner Arbeitszeit kannst du anbieten und welche Vergütung muss dafür gezahlt werden.

Verhandlungsgeschick

Bei aller Freundlichkeit musst du natürlich auch deine Geschäftsinteressen durchsetzen, um dauerhaft erfolgreich zu sein und dein notwendiges bzw. gewünschtes Einkommen zu erzielen.

Und nur wenn du dauerhaft erfolgreich bist, kannst du auch langfristig als Helfer zur Verfügung stehen. Den meisten Betreuten und Angehörigen ist eine solche längerfristige Zusammenarbeit besonders wichtig, da ein Alltagshelfer eng in das eigene Leben eingebunden ist und daher Vertrauen und ein besseres Kennenlernen grundlegend sind.

Erkenne den Bedarf des Kunden, stell dein Leistungsspektrum entsprechend dar und sei dir immer bewusst, dass deine Arbeit ihren Preis hat und wert ist.

Deine Auftraggeber suchen schließlich jemanden, der andere Menschen liebevoll behandelt und ihre Würde achtet, der verantwortungsbewusst und zuverlässig ist. Da kannst du im Gegenzug zumindest die entsprechende Anerkennung deiner Leistungen erwarten, die sich auch in einer angemessenen Bezahlung ausdrücken soll.

Wie soll man ansonsten vertrauensvoll zusammenarbeiten, wenn auf der einen Seite volle Leistung und Rücksichtnahme auf die Lebensumstände des Betreuten gefordert werden, umgekehrt aber deine Arbeit und eingesetzte Lebenszeit quasi keinen Wert haben sollen? **Respekt** ist Grundvoraussetzung auf beiden Seiten für eine Zusammenarbeit.

Können oder wollen Auftraggeber grundsätzlich nicht mehr als 5,00 – 7,00 € pro Stunde zahlen, ist dies nur akzeptabel, wenn du nicht auf dieses Einkommen angewiesen bist oder de facto doch ehrenamtlich arbeiten möchtest gegen geringe Entlohnung, quasi als reine Aufwandsentschädigung.

Denk auch immer an deinen Vorteil, z.B. gegenüber professionellen Pflegekräften, die über die Kasse abgerechnet werden, den Betreuten also gefühlt nichts kosten. Sie können aber die eigentlichen Bedürfnisse und Wünsche der zu betreuenden Person oft gar nicht erfüllen. Sie sind eingebunden in strenge formale Vorgaben, sind mehr mit Dokumentation und Einhaltung festgelegter Minutenzeiten pro

Behandlungsschritt beschäftigt, als mit der Person, die sie pflegen. Professionelle Pfleger müssen die engen Zeitvorgaben einhalten, um profitabel wirtschaften zu können.

Menschliches bleibt dabei auf der Strecke. In diesem System müssen auch die zu betreuenden Personen „funktionieren", um ihre existentielle Grundversorgung zu erhalten. Professionelle Pflege ist daher keine Hilfe gegen Vereinsamung, soziale Verwahrlosung oder Abstumpfung.

Genau deswegen werden ja oft (zusätzliche) Alltagshelfer gesucht.

Nun kennst du also deine Position genau, hast dir vielleicht sogar ein paar entsprechende Notizen gemacht, um nicht den Faden zu verlieren und das **Vertragsgespräch** ist vereinbart.

Wenn du zu diesem Vertragsgespräch antrittst, ist es selbstverständlich, dass du einen Identitätsnachweis (Ausweis / Führerschein) mitbringst, am besten schon mitsamt einer Kopie für deine Vertragspartner. Man muss schließlich wissen, wem man tatsächlich die Betreuung eines Menschen anvertraut.

Was ist aber nun der **Mindestinhalt**, der für beide Seiten eindeutig geklärt sein sollte:

B) zu verhandelnde Punkte

Bei den Vertragsverhandlungen kannst du dich einfach an der Checkliste orientieren, die gleich am Ende des Kapitels aufgeführt ist. Gibt es Besonderheiten oder ist dir eine Regelung in einem bestimmten Punkt besonders wichtig, kannst du dir das dazu notieren.

Als erstes ist zu klären, wer tatsächlich dein **Vertragspartner** wird und sowohl für die Arbeitsanweisungen als auch für die Bezahlung verantwortlich ist. Ist es die zu betreuende Person selber oder z.B. ein Familienangehöriger?

Ist es nicht die zu betreuende Person selber, ist zugleich zu klären, wie mit widersprüchlichen Wünschen / Anweisungen der zu betreuenden Person umzugehen ist.

Gibt es einen festgelegten **Arbeitsort**, an dem du grundsätzlich oder ausschließlich tätig werden sollst, z.B. die Wohnung der zu betreuenden Person? Wie ist der Zugang gewährleistet, erhältst du einen Schlüssel oder ist immer ein Ansprechpartner vor Ort?

Dann ist zu besprechen, welche **Tätigkeiten** genau ausgeführt werden sollen. Hier haben die Auftraggeber oft nur relativ ungenaue Vorstellungen bzw. pauschale Anforderungen. Versuche, so detailliert wie möglich zu erfahren, was du leisten sollst und welches „sichtbare Ergebnis" dabei herauskommen soll. Auch wenn du z.B.

Haushaltsdienst leisten sollst, nimmt die zu betreuende Person dies auch als wichtigen Sozialkontakt wahr. Soll also durch deine Tätigkeit nicht nur die Wohnung glänzen, sondern sich auch die zu betreuende Person über deine Aufmerksamkeit und Gesellschaft gefreut haben, muss von Anfang an klar sein, dass hierfür zusätzliche Zeit eingeplant werden muss.

Oder sollst du z.B. für die Bereitung von Mahlzeiten zuständig sein, muss vereinbart werden, wer die entsprechenden Einkäufe erledigt und bestimmt, was gekocht wird.

Steht fest, was du tun sollst, kann der **Zeitrahmen** verhandelt werden. Wie viele Stunden, verteilt auf wie viele Arbeitstage pro Woche sollst du tätig sein?

Hier muss man sorgfältig <u>hinterfragen, ob die gewünschten Tätigkeiten in dem vorgestellten Zeitrahmen realistisch zu schaffen sind</u> und ob dabei auch noch echte soziale Betreuung geleistet werden kann. Viele Betreute sind langsamer in ihren Bewegungsabläufen, Reaktions- und Sprachvermögen. Gibt man ihnen ausreichend Zeit, entsprechend zu agieren und Gedanken umfassend zu äußern, um ihre Selbständigkeit zu bewahren, dauert dies naturgemäß länger als wenn man ihnen jede Tätigkeit abnimmt und ihnen nach einem halben Satz über den Mund fährt.

Natürlich geht es hier nicht darum, angeblich notwendige Extrastunden zu schinden. Aber es muss sichergestellt sein, dass du nicht immer völlig abgehetzt durch den Alltag der zu betreuenden Person eilst, sondern wirklich bereichernd wirken kannst.

Am besten klärt man auch von Anfang an, welche <u>Regelungen für den Fall</u> gelten sollen, <u>dass die vereinbarten Stunden im Einzelfall nicht passen</u>, weil du entweder schneller fertig wirst mit manchen Aufgaben (sollst du dann Arbeit beenden oder die weitere Zeit mit der zu betreuenden Person verbringen) oder weil Überstunden notwendig werden (sollen diese dann gesondert vergütet oder z.B. in der Folgewoche abgezogen werden).

Sinnvoll ist unter Umständen die Vereinbarung einer bestimmten Mindeststundenzahl pro Woche, die du zur Verfügung stehen sollst und vergütet erhältst. Das gibt dir die Planbarkeit in finanzieller und zeitlicher Hinsicht und der Betreute hat die Möglichkeit, selber noch Wünsche oder Pläne zu äußern.

Sind auch diese Dinge besprochen, geht es um deine konkrete Vergütung. Im Kennenlern-Gespräch wurde meist schon kurz über die Höhe des **Stundenlohn**s gesprochen, um zu klären, ob hier die Vorstellungen überhaupt in die gleiche Richtung gehen. Grundsätzlich ist der Verhandlungsrahmen in diesem Punkt also vorgegeben.

Zu klären ist dann aber die endgültige Höhe des Stundenlohnes (eventuell gestaffelt über eine bestimmte Vertragslaufzeit). Dabei musst du auf jeden Fall darauf achten, ob der Stundenlohn **brutto oder netto** gemeint ist. Bist du angestellt tätig und dein Arbeitgeber will dir 10,00 € brutto zahlen, sprich inkl. Sozialversicherungsabgaben und Steuern, wird für dich netto kaum die Hälfte dabei herauskommen. Bist du selbständig tätig und umsatzsteuerpflichtig und es wird ein Stundenlohn von 10,00 € ohne weitere Deklaration verabredet, bedeutet das für dich einen Stundenlohn von tatsächlich nur 8,40 €. Willst du aber tatsächlich 10,00 € zzgl. USt erzielen, musst du wiederum ausdrücklich einen Netto-Stundenlohn vereinbaren.

Bei der Vergütung ist auch zu regeln, ob **Anfahrtszeiten** als bezahlte Arbeitszeit gelten oder stattdessen Fahrtkosten gezahlt werden. Oft gehen Auftraggeber davon aus, dass es deine Sache ist, zur Arbeit zu kommen und dass hierfür kein Ausgleich erfolgen soll. Das ist insbesondere dann problematisch, wenn diese Auftraggeber mehrere Kurzeinsätze pro Woche verlangen und du daher genauso viel Fahrzeit wie Arbeitszeit hast. Das ist Zeit, die du weder für dich privat noch für andere Auftraggeber nutzen kannst. Wird sie nicht bezahlt, gerät sowohl dein Arbeitsplan als auch deine Kostenkalkulation pro Woche ins Wanken.

Sollst du auch Fahrdienst für die zu betreuende Person leisten und dies mit deinem eigenen PKW, ist ebenfalls wichtig zu klären, ob neben deiner Arbeitszeit auch die

Fahrzeugnutzung gesondert vergütet wird.

Vereinbart werden muss auch, **wann** und wie die **Zahlung** erfolgen soll (wöchentlich, monatlich, Kalendertag). Soll deine Tätigkeit steuermindernd geltend gemacht werden, muss wie oben erläutert auf jeden Fall eine ordnungsgemäße Abrechnung und Zahlung per Überweisung erfolgen.

Optional vereinbart werden können dann z.B. eine bestimmte **Probezeit, Kündigungsfristen** für beide Seiten, **Schweigepflicht**, Regelungen für **Urlaub** und **Krankheit**.

Ist alles besprochen und dein Auftraggeber und du seid euch einig, nun zusammenarbeiten zu wollen, empfehle ich ausdrücklich, alles in einem schriftlichen Vertrag festzuhalten!

Das gibt beiden Seiten Sicherheit und vermeidet im Zweifelsfall unnötigen Streit. Ich habe zu Beginn meiner Tätigkeit festgestellt, dass es wohl noch gar nicht so üblich ist, die Vereinbarungen schriftlich festzuhalten. Dabei sollen doch beide Seiten wissen, worauf sie sich einlassen und was tatsächlich geleistet werden soll.

Ich habe deshalb einen **Vorschlag für einen Betreuungsvertrag** in diesen Ratgeber aufgenommen (vgl. vorletztes Kapitel).

Checkliste Mindestregelungen:

- ☐ Vertragspartner
- ☐ Tätigkeitsbeschreibung / Aufgaben
- ☐ Stundenzahl
- ☐ Arbeitstage
- ☐ Vergütung
- ☐ Zeitpunkt Zahlung
- ☐ Urlaub / Abwesenheit
- ☐ Fahrtkosten
- ☐ Schlüssel / Zugang
- ☐ Ansprechpartner

74

Testphase / Probezeit

Alle Vereinbarungen sind getroffen und dein erster Arbeitstag steht an. Für beide Seiten ist es sinnvoll, zunächst eine Art Probezeit zu vereinbaren, um zu sehen, ob „die Chemie stimmt" und eine langfristige Zusammenarbeit sinnvoll und gewünscht ist.
Normalerweise wird ein Monat genügen, damit du und die zu betreuende Person / die Angehörigen einschätzen können, ob ihr als Team funktioniert oder nicht.
Je nach Lebenssituation der zu betreuenden Person können aber auch bis zu 3 Monate Testphase sinnvoll sein, z.B. falls es notwendig ist, dass die bisherigen Betreuer (Angehörige, Pflegekräfte, ausscheidende Helfer) dich gründlich in spezielle Tätigkeiten und Abläufe einweisen, von deren richtiger Umsetzung die Hilfe abhängt.

Für dich ist diese Zeit vor allem auch wichtig, weil du dich komplett auf einen neuen Menschen mit all seinen Besonderheiten und besonderen Bedürfnissen einlassen und diesen erst einmal wirklich kennen lernen musst. In den bisherigen Gesprächen seid ihr ja erst oberflächlich miteinander bekannt geworden und es ist eine ganz andere Situation, mitten im Leben und Alltag eines anderen Menschen präsent zu sein.

So erlebst du jetzt erstmalig den ganz normalen Tages- oder Wochenablauf der zu betreuenden Person.

Mach dir Notizen über feststehende Termine für Mahlzeiten, Arztbesuche, Therapiestunden etc.

Und rechne auch damit, dass die zu betreuende Person zunächst nicht in der Lage ist, unbefangen mit dir umzugehen oder sich für ein Gespräch sofort zu öffnen.

Du befindest dich nun mitten in ihrer Privatsphäre, die sie bislang häufig in Ruhe und vielleicht Einsamkeit verbracht hat.

Viele Betreute wünschen sich zwar seit längerem mehr Ansprache, geistige Anregung und Aktivität, dennoch ist es nun für sie ungewohnt, jemand Neuen und Fremden in ihrem Leben zu haben.

Oft triffst du auf recht eingefahrene und unfreiwillig liebgewonnene Gewohnheiten, die es sanft aufzubrechen gilt.

Das kann sich in so simplen Dingen äußern wie z.B. dem Wunsch eines Betreuten, die tägliche Lieblingsserie im Fernsehen auf keinen Fall zu verpassen, kann aber auch kompliziert sein, wenn dein Schützling tatsächlich völlig gefangen in seiner eigenen Gedankenwelt ist und soziale Interaktion neu erlernen muss.

Andere Betreute erwarten dagegen vielleicht von dir, dass du quasi als Alleinunterhalter tätig wirst.

Besonders schwierig ist die Situation natürlich, wenn du gegen den Willen des Betreuten zur Entlastung der Angehörigen engagiert wurdest. Dann hast du nicht nur mit dem Widerwillen gegen dich als unbekannten Menschen anzukämpfen, sondern auch gegen verletzten Stolz und Sturheit.

Manche Betreute sehen auch gar nicht ein, dass nicht die eigenen Familienmitglieder sich (weiterhin) um sie kümmern, so „wie es sich gehört", sondern ein dafür bezahlter Fremder.
Auch wenn in den letzten Jahren zum Glück einige Alternativen (betreutes Wohnen, ambulante Pflege, Wohngruppen und Gemeinschaften, Mehrgenerationen-Häuser etc.) neben den tristen Heim-Alltag von alten und kranken Menschen entstanden sind, leiden doch immer noch viele darunter, dass sie nicht innerhalb der Familie mitversorgt werden und dort am normalen Sozialleben teilhaben.

In solchen Fällen wirst du eine gewisse Zeit benötigen, um mit Geduld und wiederholter Ansprache erst einmal das Vertrauen des Betreuten zu gewinnen, um deine Tätigkeit überhaupt richtig aufnehmen zu können.

Ist die zu betreuende Person schwer pflegebedürftig und nicht oder nur sehr begrenzt mobil, musst du auch viele Handgriffe erlernen und austesten, welche Form von Begleitung und Unterhaltung überhaupt erwünscht und möglich ist.

Betreute, die seit längerem Patienten in der Krankenpflege sind, kennen vor allem das Gefühl, behandelt zu werden wie ein Bauteil auf dem Fließband und zwar gut ver-, aber wenig umsorgt zu werden. Auch die Teilhabe an einem Leben außerhalb ihrer Wohnung findet meist nur noch sehr eingeschränkt statt. Es wird zu deinen Aufgaben gehören, nach Möglichkeiten zu suchen, das wieder zu ändern bzw. mehr Abwechslung in den Alltag des Betreuten zu bringen.

Einen weiteren Spezialfall stellt dar, wenn du eine Person mit Demenzerkrankung betreust. Dann lass dir im Vorfeld berichten, welches Verhalten bislang besonders auffällig war und widme dich der Person mit besonderer Aufmerksamkeit, insbesondere außerhalb der Wohnräume, z.B. beim Einkaufen oder Spaziergang.

Die Probezeit ist in vielerlei Hinsicht sinnvoll und lehrreich, weil auch erfahrene Betreuer immer wieder feststellen, dass es keine „Patentlösung" für eine ideale Gestaltung der Betreuung gibt.
Selbst wenn man schon länger und für mehrere Personen erfolgreich tätig war, ist nicht gesagt, dass

die Zusammenarbeit auch in diesem neuen Fall funktioniert.

Das kann mit den vorgefundenen Bedingungen zu tun haben, vor allem aber mit dem „Menschlichen", um das es ja hauptsächlich geht. Was bei einer bereits von dir betreuten Person auf helle Begeisterung stößt, ist für andere womöglich völlig inakzeptabel. Du musst also von Handlungsroutinen abweichen und flexibel mit neuen Beschäftigungsmöglichkeiten und Organisation reagieren.

Im schlechten Fall stellt sich in der Probezeit heraus, dass eine Zusammenarbeit nicht sinnvoll ist. Dann ist es für beide Seiten auch besser, unter Hinweis auf die vereinbarte Testphase die Zusammenarbeit kurzfristig beenden zu können.

Checkliste für die längerfristige Zusammenarbeit:

- Stimmt die Chemie zwischen dir und dem Betreuten (und Angehörigen)? Also: Empfindest du keine Abneigung gegenüber einzelnen Personen, pflegt ihr eine freundliche Kommunikation und hast du grundsätzlich Verständnis für die bestehende Grundsituation und kannst dich positiv dort einbringen?

- Kannst du alle geforderten / notwendigen Aufgaben gut erfüllen?

- Kannst du die geforderte Stundenzahl zu den gewünschten Zeiten leisten?

- Stimmt die Bezahlung?

- Welche Schwierigkeiten sind in der Probezeit sichtbar geworden? Kannst und willst du damit dauerhaft umgehen?

- Was kannst du langfristig für die betreute Person erreichen? Das Ziel einer positiven Veränderung ist sehr motivierend und nach einiger Zeit als messbarer Erfolg sichtbar.

Auswahl und Zeitplan

Das Kennenlernen während der Probezeit ist für dich auch ein wichtiger Entscheidungsfaktor hinsichtlich deiner beruflichen Organisation.

Du musst schließlich eine Auswahl treffen, welche Kunden du bedienen kannst und willst und welche Aufträge sich zeitlich miteinander koordinieren lassen.

Auch wenn nach der Probezeit eine Zusammenarbeit grundsätzlich gewünscht ist, sind darüber hinausgehend weitere Überlegungen sinnvoll.

Beide Seiten sollten sich nicht einfach aufeinander einlassen, nur weil die eine Seite als Kunde und die andere als Anbieter zur Verfügung steht. **Vor der endgültigen Zusage will gut überlegt sein, ob man wirklich gerne für genau diese Person tätig sein möchte und ihren Bedürfnissen auch gerecht werden kann**. In der Regel ist eine langfristige Zusammenarbeit gewünscht; weder die Familienangehörigen wollen ständig neu suchen müssen, noch der Betreute sich immer wieder an neue Menschen gewöhnen (gerade älteren Menschen fällt dies sehr schwer).

Langfristige Zusammenarbeit ist aber nur möglich, wenn sie einerseits die Anforderungen des Betreuten erfüllt und andererseits dir dein notwendiges Einkommen sichert, damit du nicht gezwungen bist, über kurz oder lang doch die Tätigkeit zu wechseln!

Der Kunde sollte dich also nicht – unabhängig von einer ausreichenden Qualifikation – nur engagieren wollen, weil er einen akuten Betreuungsbedarf hat. Und du solltest nicht – obwohl ein Ende der Zusammenarbeit für dich bereits schon absehbar ist – nur deshalb für den Kunden tätig werden, weil dich akute Geldnot dazu drängt.

So funktioniert eine vielleicht eine Tätigkeit als Paketwagen-Belader o.ä., aber nicht eine zwischenmenschliche Beziehung.

Wenn die Seniorenbetreuung dein Haupteinkommen generieren soll, geht dies realistisch nur mit neuen Aufträgen, die zu mit deinen bisherigen in Einklang bringen kannst.

D.h. die gewünschten Einsatzzeiten müssen in deinen Wochenplan integriert werden können und dies zusätzlich zu deinen weiteren Verpflichtungen (eigener Haushalt, Kinder, Verpflichtungen in Familie, Vereinen und Freunden, Pausenzeiten, Fahrtzeiten, etc.).

Bist du dir also sicher, dass du den Auftrag annehmen möchtest und die entsprechende Leistung auch bieten kannst, müssen die Arbeitsstunden möglichst fest und regelmäßig vereinbart werden.

Dann kannst du für jede betreute Person einen speziellen **Tagesablauf** entwerfen und einen **Wochen- bzw. Monatsplan** erstellen.

Dieser organisatorische Teil bereitet mir persönlich übrigens immer die meisten Schwierigkeiten, weil ich dazu neige, auf feste Pläne zu verzichten und mich auf mein Gedächtnis und Improvisationstalent zu verlassen.

Deswegen kann ich aus Erfahrung sagen, dass du dir das Leben wirklich erleichterst, wenn du dir z.B. Sonntagsabends eine Viertelstunde Zeit nimmst und alle wichtigen Termine aufschreibst und koordinierst.

Natürlich hat man die wichtigsten Abläufe im Kopf und ja auch meist feste Arbeitszeiten vereinbart. Aber oft ändern sich Kleinigkeiten, es kommen unerwartete Dinge und dringende Erledigungen dazu und schon herrscht Stress und Chaos. Hat man sich vorher den grundsätzlichen Stundenplan/Wochenplan notiert, muss man dann aber wenigstens nicht befürchten, vor lauter Aufregung etwas Wichtiges zu vergessen.

Vor allem aber vermeidet eine feste Grundplanung Ärger und Enttäuschung bei deinen Auftraggebern, die sehr empfindlich reagieren, wenn du nicht alle vereinbarten Aufgaben erledigt hast oder das Ergebnis zu wünschen übrig lässt.

Trag dir also alle festen wichtigen Termine in deinen Kalender ein und plane Pufferzeiten dazu, falls du einmal länger brauchst, um deine Aufgabe vollständig zu erledigen, akut weitere Tätigkeiten anfallen oder du auf der Fahrt zwischen zwei Stationen in einen Stau gerätst etc. Es ist wesentlich für deine Hilfeleistungen, dass du selber nicht ständig unter Zeitdruck bist und keinen hektischen Eindruck hinterlässt. Sonst verlierst du deinen offenen Blick für die Bedürfnisse der zu betreuenden Person und spulst nur noch ein Pflichtprogramm ab.

Frage dich bei der Planung immer ehrlich, **was du in der nächsten Woche realistisch wirklich schaffen** kannst. Nur du kannst in dich hinein fühlen und wissen, ob du dich gerade energiegeladen oder eher angeschlagen fühlst und ob z.B. jemand aus deiner Familie im Augenblick besondere Aufmerksamkeit benötigt, für die Raum geschaffen werden muss.

Welche Termine/Aufgaben haben Priorität?

Setze dir pro Aufgabe feste Zeitlimits und halte sie auch ein! Wenn du bei deinen Betreuten bist, achte darauf, dass du nicht nur die notwendigen Dinge zügig erledigst, sondern dem Menschen auch wirklich Aufmerksamkeit und Zeit widmest.

Berücksichtige bei deinen Planungen auch das Tempo der Betreuten und pass dich ihrem Rhythmus an.

Schalte wenn möglich während dieser Zeit auch dein Mobiltelefon aus, sei ganz dort und bei deiner Aufgabe.

Stundennachweis, Planung und Feedback

Auch wenn die meisten von uns „Papierkram" als lästig empfinden und gerne vermeiden, empfehle ich dir, am Ende jedes Einsatzes bei deinem Betreuten einen kurzen **Leistungsnachweis** zu schreiben und sich diese ggf. auch abzeichnen zu lassen.

Notier einfach kurz,

   -von wann bis wann du

   -wo mit der betreuten Person warst und

   -was ihr gemacht habt.

Das hat auch den Vorteil, dass die Angehörigen, die gerne über den Verlauf deiner Tätigkeit informiert bleiben wollen, eine Möglichkeit haben, sich einen Überblick zu verschaffen ohne gleich in den Verdacht zu geraten, dich auf Schritt und Tritt überprüfen zu wollen.

Ihr solltet euch auch regelmäßig (1x monatlich, 1x pro Quartal o.ä.) alle zusammensetzen, um zu klären, ob Änderungen im bisherigen Ablauf erwünscht oder sinnvoll sind. Das ist ebenfalls einfacher, wenn mit den Leistungsnachweisen nachvollzogen werden kann, was bisher in der vereinbarten Arbeitszeit möglich war und umgesetzt wurde.

Du solltest auch immer im Austausch mit allen

Beteiligten bleiben, wie zufrieden sind Sie mit deinen Leistungen, was könntest du verbessern, welche zusätzlichen Tätigkeiten liegen nahe und werden gewünscht?

Welche festen Planungen sind für die nächsten Wochen/ Monate gewünscht? Steht Urlaubsabwesenheit von Angehörigen an oder Änderungen in Therapie-Abläufen?

Umgekehrt hast du so auch Gelegenheit, Änderungswünsche zu äußern, die Verbesserung der Rahmenbedingungen oder Anschaffung notwendiger Materialien anzuregen.

Du solltest auch offen ansprechen, falls es z.B. zu Unregelmäßigkeiten in der Bezahlung oder zu widersprüchlichen Arbeitsanweisungen gekommen ist. Sprich Probleme offen an, damit sie gelöst werden.

Und nimm sachliche Kritik an, du kannst dich und deine Qualifizierung dadurch nur immer weiter verbessern!

In einem Feedback-Gespräch mit den Beteiligten erfährst du, ob deine Arbeit erfolgreich ist: **Ist eine Verbesserung der Lebensqualität für den Betreuten spürbar vorhanden und eine Entlastung für die Angehörigen eingetreten?** Wenn diese Fragen ehrlich positiv beantwortet werden, zeigt dir das, wie sinnvoll deine Arbeit ist und dass sie anerkannt wird.

Muster Leistungsnachweis (Woche)

Name, Adresse Betreuer

Name betreute Person

Name Auftraggeber

Datum	Beginn	Ende	reg. Stunden	Über-Stunden	Gesamt-Stunden
wöchentliche Gesamtarbeitszeit:					

Mit dem Leistungsnachweis kannst du dann als selbständiger Seniorenbetreuer auch ganz einfach deine Rechnung erstellen:

Muster Rechnung (Monat)

Name, Adresse Betreuer

Name + Anschrift Auftraggeber

[Adresse]

Rechnungsnummer:

Datum:

Sehr geehrte(r) Herr/Frau ....,

für meine Tätigkeit als Seniorenbetreuer in der Zeit vom .... bis .... gem. in Kopie beigefügten Leistungsnachweisen berechne ich wie vereinbart:

Beschreibung	Stunden	Preis	Betrag

Betrag zahlbar bis .... auf mein Konto:

....

Vielen Dank für Ihr Vertrauen und die gute Zusammenarbeit!

Muster Protokoll für Feedback-Gespräche

Datum: ...
Gesprächsteilnehmer: ....
Tätigkeitszeitraum:

vereinbarte Tätigkeit	Ausgeführt? Wenn nein, warum nicht	Bewertung	Planung

Waren die vereinbarten Stunden / Arbeitszeiten ausreichend bemessen? Konnten alle Tätigkeiten erledigt werden?

Gab es Besonderheiten / Auffälligkeiten im Ablauf?

Werden Änderungen gewünscht / vorgeschlagen?
Auftraggeber:
Seniorenbetreuer:

Konkrete Vereinbarungen für den nächsten Monat:

Stunden	Arbeitstage	Tätigkeiten

Vertretungs-Absprachen / Netzwerk

Auch wenn du als „Einzelkämpfer" arbeitest, schaffe dir ein gutes Netzwerk mit Kollegen und Ansprechpartnern in allen relevanten Einrichtungen.

Auch wenn andere Seniorenbetreuer natürlich einerseits Konkurrenten / Wettbewerber für dich sind, solltest du dich um ein freundliches, kollegiales Miteinander bemühen.

Ihr müsst ja nicht gleich Freunde fürs Leben werden, aber man begegnet sich häufig wieder und kann sich vielleicht auch einmal helfen oder Erfahrungen austauschen. Grundsätzlich profitiert ihr ja auch voneinander, denn die Präsenz vieler verschiedener Betreuer macht dieses neue Berufsfeld für potentielle Kunden erst allgegenwärtig und sichtbar.

Hat jemand z.B. gehört, dass ein Nachbar gut versorgt/betreut wird, kommt ihm vielleicht die Idee, auch solche Leistungen in Anspruch zu nehmen.

Kennt man andere Seniorenbetreuer und versteht sich gut mit dem ein oder anderen, kann man auch gute Absprachen zur gegenseitigen Vertretung bei Urlaub oder Krankheit treffen. Vielleicht teilt man sich auch eine Stelle bei einem guten Kunden, dessen Bedarf gestiegen ist und den man sonst mangels Zeit ganz verlieren würde.

Erkundige dich bei dir vor Ort, in den Einrichtungen oder Treffpunkten, ob es schon Netzwerk-Treffen oder Stammtische gibt, zu denen du gehen kannst.

Sich mit seinen Kollegen gut zu verstehen, hat einige Vorteile:

Man erfährt z.B., welche Kunden eine hohe Fluktuation haben und Betreuer immer nur kurzzeitig gegen geringe Entlohnung engagieren. In diesen Fällen kannst du dir die Bemühungen um die entsprechende Stelle von Anfang an sparen und deine Zeit sinnvoller einsetzen.

Außerdem kann man auch einmal gemeinsame Unternehmungen (Schwimmbadbesuch, Schiffstour, Kino, Lesung, Konzert, Ausstellung, Messe, Besuch von Märkten, Stadtfesten, etc.) planen und damit auch größere Ausflüge oder geselligere Runden ermöglichen als allein.

Vielleicht kannst du sogar den einen oder anderen Kunden übernehmen, wenn ein Kollege zu viele Aufträge hat oder kürzer treten will.

Bist du gut vernetzt, hast du auch immer einen guten Überblick über die Konkurrenzlage vor Ort und kannst dein eigenes Profil anpassen und verbessern: Welche Leistungen bieten die anderen an, was wird anscheinend sehr gut nachgefragt, welches

Alleinstellungsmerkmal zeichnet dich aus, welche Lücke kann dein Angebot vielleicht schließen?

Neben den anderen Seniorenbetreuern in deiner Region solltest du auch **die wichtigsten Ansprechpartner (Heimleiter, Tagesstätten-Leiter, Behördenmitarbeiter**, die für soziales und Senioren zuständig sind) **kennen und regelmäßig Kontakt mit ihnen halten**.

So erfährst du, welche Angebote für deine Kundengruppe dort bereits organisiert werden, du musst ja nicht das Rad neu erfinden, um deinen Betreuten wichtige Informationen zukommen zu lassen.

So gibt es z.B. in vielen Städten und Gemeinden eine Bürgerstelle / Seniorenberatungsstelle, die online oder per Telefon viele nützliche Hinweise zu (sozial)rechtlichen Fragen, barrierefreien Angeboten oder Veranstaltungen für deine Kundengruppe bietet.

Bist du häufig oder überwiegend bei Betreuten in Heimen oder sonstigen Pflegeeinrichtungen im Einsatz, stell dich bei den dortigen Leitern/Mitarbeitern vor, um von Anfang an Misstrauen und ein mögliches Gegenwirken gegen deine Mitarbeit zu vermeiden.

Klär ab, was diese Einrichtungen bereits für deinen Betreuten leisten und von ihm bezahlt erhalten, um zu verhindern, dass du als unerwünschte Konkurrenz angesehen wirst und natürlich auch, damit dein Betreuer keine Leistungen doppelt zahlen muss, weil du sie nochmals erbringst. Wenn du die Regeln der Einrichtungen kennst und dich einfügst, kann sich dort für dich ein weiteres Tätigkeitsfeld öffnen.

Informiere dich gründlich auch über alle möglichen kostenlosen Angebote für deine Betreuten und weise darauf hin oder biete an, sie gemeinsam mit ihnen wahrzunehmen.

Entwickle alternative eigene Angebote und überlasse den Betreuten die Auswahl. Gutes Informiertsein ist Teil deiner Qualifikation!

Bestimmt kennst du deinen Wohnort samt Umgebung schon gut, nimmst vielleicht selber viele kulturelle Angebote wahr und kennst viele Freizeit-Adressen. Trotzdem wirst du aber feststellen, dass dieses Wissen den Filter deiner Lebenswirklichkeit durchlaufen hat und dass deine Stadt aus der Sicht eines älteren oder körperlich eingeschränkten Menschen ganz anders aussieht.

Deine Ehrlichkeit und die vielfältigen Informationen, die du bietest, zahlen sich langfristig aus durch gewonnenes Vertrauen und kontinuierlich erweiterte Zusammenarbeit. Oft führen sie auch zu Empfehlungen im Bekanntenkreis der Betreuten und Angehörigen, so dass du auf diese Weise mehr Kunden und Einkommen gewinnst.

Wenn du bislang keine speziellen Qualifikationen im Bereich Seniorenbetreuung vorweisen kannst, ist es umso wichtiger, **breites Wissen, gute Vernetzung und gute Empfehlungen von anderen Betreuten nachweisen** zu können!

Fortbildung

Möchtest du langfristig erfolgreich als Seniorenbetreuer tätig sein, deine bisherigen Kenntnisse und Fähigkeiten erweitern und z.b. für einen höheren Stundenlohn Qualifizierungen /Bescheinigungen hierüber vorlegen können, musst du an entsprechenden Fortbildungsmaßnahmen teilnehmen.

Inzwischen gibt es viele Anbieter, die sich auf den Bereich der Seniorenbetreuung spezialisiert haben. Die Auswahl ist groß und die Preisspanne zwischen den Angeboten und jeweiligen Inhalten riesig.

Du solltest dich vor Buchung eines Kurses gründlich informieren, ob der Anbieter seriös und schon länger am Markt ist. Vielleicht findest du im Internet sogar glaubhafte Erfahrungsberichte, die dir deine Entscheidung erleichtern.

<u>Wichtig ist, auf die Qualität der Angebote zu achten</u>:

- Welcher **Zeitumfang** (Kursdauer) mit welchem **Inhalt** wird zu welchem **Preis** angeboten?

- **Stimmt** das **Kursangebot** mit deinem **Einsatzbereich** und **Fortbildungswunsch überein** und verspricht das Angebot eine detaillierte Beantwortung deiner Fragen?

- Gibt es ausführliche **Kursunterlagen** / Downloads, mit denen du die Einheit auch zuhause noch vertiefen und nacharbeiten kannst?

- Erhältst du nach erfolgreicher Teilnahme ein allgemein **anerkanntes Zertifikat** / Zeugnis?

Meist sind die Kursanbieter private Bildungseinrichtungen als freie Anbieter. Es gibt aber auch Anbieter in Kooperation mit z.B. mit der Handwerkskammer oder örtlichen Behörden.
Erkundige dich gründlich über dein jeweiliges Angebot vor Ort und versuche herauszufinden, ob die Inhalte und Bescheinigungen dich wirklich weiterbringen.

<u>Ich rate davon ab, die häufig sogar kostenlosen Angebote von wohltätigen Organisationen auszunutzen</u>, die diese für ehrenamtlich tätige Seniorenbetreuer anbieten. Diese Angebote sind zwar oft gut und auf den Markt / Bedarf zugeschnitten, weil z.B. die kirchlichen Einrichtungen traditionell besonders dicht am Betreuungsalltag dran sind und viel Erfahrung in der Ausbildung mitbringen.

Sich an den dort angebotenen Inhalten zu orientieren, ist also zunächst hilfreich für deine Auswahl.

Aber da du mit der Tätigkeit als Seniorenbetreuer Geld erzielen willst und das Einkommen mit der

Qualifizierung steigern, ist es nicht in Ordnung, dies auf Kosten der wohltätigen Organisationen zu tun, denen du im Anschluss mit dem erlernten Wissen gar nicht zur Verfügung stehen willst.
Bezahle also deine Kurse gern, denn sie dienen deinem Einkommen.

Bist du aktuell noch arbeitslos und möchtest dich vor Aufnahme der Tätigkeit als Seniorenbetreuer entsprechend qualifizieren, gibt es spezielle Einstiegs-Lehrgänge (z.B. von der AWO), die darauf zielen, dich in fit für den Arbeitsmarkt zu machen.
Sprich mit deinem Sachbearbeiter beim der Arge/ dem Jobcenter über diese Möglichkeit! Dann ist auch eine Kostenübernahme durch den Träger möglich.

Hier gebe ich dir eine kleine **Übersicht über mögliche Fortbildungs-Themen**. Das ist natürlich nur eine Auswahl, aber mit Hilfe der Liste kannst du selber prüfen,
- auf welchen Gebieten du schon gute Kenntnisse oder Erfahrungen hast,
- welche Gebiete für deine betreuten Personen besonders relevant sind und
- wo du deine Kenntnisse vertiefen möchtest,

Themen-Liste:
- körperliche und seelische Veränderungen beim Älterwerden
- gesellschaftliche Situation älterer oder körperlich eingeschränkter Menschen in Deutschland / in deiner Region
- demographische Entwicklung
- rechtliche Grundlagen der Seniorenbetreuung / Rahmenbedingungen
- Eigenwahrnehmung älterer oder körperlich eingeschränkter Menschen
- Beobachten und Wahrnehmen der Bedürfnisse der Betreuten
- Wohnsituation älterer oder körperlich eingeschränkter Menschen
- Umgang mit Demenz-Erkrankten
- weit verbreitet (Alters-)Krankheiten und Umgang damit
- Rollstuhltraining
- Ernährungsbesonderheiten älterer oder körperlich eingeschränkter Menschen
- Körperpflege
- Übungen für die Beweglichkeit
- kreative Beschäftigung
- Kommunikation / Gesprächsverhalten
- soziale Kompetenzen
- häusliche Pflege
- Vorbeugung gegen eigene körperliche oder seelische Überlastung

- Pflegeversicherung und soziale Dienste, Kostenträger
- Hygiene und Infektionslehre
- Umgang mit pflegenden Angehörigen
- allgemeine Ernährungslehre (z.B. als Grundlage bei Einkaufsbegleitung oder Zubereitung der Mahlzeiten)
- Diäten / Nahrungsmittelunverträglichkeiten / Allergien
- Tod und Sterben
- Trauerbewältigung
- Erste Hilfe
- Arbeitsorganisation
- Dokumentation
- Ethik / Verhaltenskodex
- Anleitung zum Schreiben von Lebenserinnerungen / Biographien

Muster für einen Betreuungsvertrag

Unabhängig davon, ob du deine Tätigkeit als Seniorenbetreuer im Rahmen eines Aushilfsjobs, einer Festanstellung oder Selbständigkeit ausübst, bieten **klare, schriftlich festgehaltene Vereinbarungen Sicherheit für beide Seiten**!

Es sollte also in jedem Fall ein schriftlicher Vertrag über die zwischen euch getroffenen Vereinbarungen abgeschlossen werden, um bei Unklarheiten im Streitfall darauf zurück greifen zu können.

Ich habe dir oben im Kapitel „Vertragsverhandlungen" ja schon erläutert, welche Mindestregelungen besprochen werden sollten und dir eine entsprechend Checkliste zur Verfügung gestellt.

Diese Basis muss natürlich im Einzelfall noch ergänzt / angepasst werden, insbesondere wenn Besonderheiten zu beachten sind.

Aber wenn man sich an diesen Punkten orientiert, sind zumindest die Rahmendaten der Zusammenarbeit klar vereinbart.

<u>Hier also mein entsprechender Vorschlag eines Vertrags als Mustervorlage:</u>

Vertrag über die Tätigkeit
als Seniorenbetreuer

zwischen:

[Name, Anschrift, Kontaktdaten]
(nachfolgend Arbeit-/**Auftraggeber** genannt)

und

[Name, Anschrift, Kontaktdaten]
(nachfolgend **Betreuer** genannt)

wird folgende **Vereinbarung über die Aufnahme der Tätigkeit als Seniorenbetreuer** für

----
[Name, Anschrift, Geburtsdatum der zu betreuenden Person, falls nicht Vertragspartner]

getroffen:
1. Die Tätigkeit **beginnt am** _ _ _ _ und ist
[ ] unbefristet
[ ] befristet bis zum _ _ _ _

2. Die Tätigkeit als Seniorenbetreuer wird ausgeführt
[ ] in einem Anstellungsverhältnis (Vollzeit)

[ ] in einem Anstellungsverhältnis (Teilzeit / Minijob)
[ ] auf selbständiger Basis (gewerblich/freiberuflich)

3. Die Tätigkeit **umfasst** nach den getroffenen Vereinbarungen **folgende Tätigkeiten**:
[ ] Alltagsbegleitung / häusliche Betreuung (Gespräch, Gesellschaftsspiele, Vorlesen, Spaziergänge, etc.)
[ ] Kultur-Begleitung (anfallende Kosten trägt die betreute Person)
[ ] Haushaltsdienst (Raumreinigung / Mahlzeiten bereiten / Wäsche / Möbelpflege etc.)
[ ] Körperpflege
[ ] Fahrdienst / Transport
[ ] Einkaufsdienst / - begleitung
[ ] häusliche Krankenpflege (mit Qualifizierungsnachweis)
[ ] Beschäftigungstherapie (mit Qualifizierungsnachweis)
[ ] Bewegungstherapie (mit Qualifizierungsnachweis)
[ ] Sprachtherapie (mit Qualifizierungsnachweis)
[ ] Aufschreiben der Lebenserinnerungen / Biographie nach Erzählung der betreuten Person
[ ] Freizeit-/Reisebegleitung
[ ] Sonstiges wie hier genauer beschrieben: _ _ _ _ _ _
_ *(Erstattung Fahrtkosten / Vergütung Anfahrtszeiten)* _
_ _

4. Die **Arbeitszeit** richtet sich nach dem Bedarf der zu betreuenden Person und beträgt
[ ] wöchentlich _ _ _ _ Stunden
[ ] monatlich mindestens _ _ _ _ und höchstens _ _ _ _ Stunden

Dabei soll die tägliche Einsatzzeit an den vereinbarten Einsatztagen jeweils mindestens zwei aufeinanderfolgende Stunden betragen.

Der Auftraggeber teilt dem Betreuer spätestens bis Freitag jeder Woche die Arbeitsdauer für die nachfolgende Woche sowie die geplante Stundenzahl mit.

Erfolgt keine gesonderte Mitteilung, gilt die Arbeitszeit der laufenden Woche auch für die jeweils folgende als vereinbart.

Grundsätzlich wird folgender Zeitrahmen vereinbart:

Arbeitstage:

[ ] Montag [ ] Dienstag [ ] Mittwoch [ ] Donnerstag
[ ] Freitag [ ] Samstag [ ] Sonntag

In der Zeit von: _ _ _ _ bis _ _ _ _ Uhr.

5. Als **Vergütung** für die Tätigkeit als Seniorenbetreuer wird ein Stundenlohn
in Höhe von _ _ _ _ EURO (brutto / netto, Unzutreffendes streichen)
vereinbart.

Der Betrag wird

[ ] bei Anstellungsverhältnis jeweils zum Monatsende, spätestens zum 3. des Folgemonats

[] bei selbständiger Tätigkeit nach Rechnungsstellung spätestens 10 Tage nach deren Erhalt

auf folgendes Konto überwiesen:

IBAN: _ _ _ _ _ _ _ _ _ _ _ _ _ _ _ _ _ _
BIC: _ _ _ _ _ _ _ _ _ _ _

6. Bei **Krankheit, Urlaub oder Verhinderung** aus wichtigen Gründen ist der Betreuer dazu verpflichtet, dem Auftraggeber umgehend (mindestens 1 Stunde vor Arbeitsbeginn) den Ausfall und die Gründe hierfür mitzuteilen.

Nach Möglichkeit soll der Betreuer die Möglichkeit erhalten, die Ausfall-Stunden binnen eines Monats nachzuarbeiten.

7. Für ein vertieftes Kennenlernen vor endgültiger Zusammenarbeit wird eine Testphase / **Probezeit** von _ _ _ _ _ _ _ Wochen ab Aufnahme der Tätigkeit vereinbart.

Nach Ablauf der Probezeit gelten die gesetzlichen Kündigungsfristen bzw. bei Selbständigen eine beidseitige Kündigungsfrist von 4 Wochen zum Monatsende.

Das Recht zur fristlosen Kündigung aus wichtigem Grund bleibt unberührt.

Die Kündigung muss schriftlich erfolgen.

Stellt der Auftraggeber den Betreuer nach Kündigung von der Erbringung der weiteren Tätigkeit bis zum Ende der Kündigungsfrist frei, hat er ihm die vereinbarte Mindeststundenzahl für diesen Zeitraum zu vergüten.

8. Der Betreuer verpflichtet sich, die ihm übertragenen Aufgaben **sorgfältig** auszuführen, bei Bedarf auch andere vergleich- und zumutbare Arbeiten

zu übernehmen sowie gegenüber Dritten **Verschwiegenheit** über sämtliche Angelegenheiten der zu betreuenden Person zu bewahren.

9. Der Betreuer erhält für die Zeit seiner Tätigkeit einen **Schlüssel** zur Wohnung des Betreuten, um dort zu den vereinbarten Zeiten Zugang zu haben und seine Tätigkeit ausüben zu können. Ein Zutritt zur Wohnung zu anderen Zeiten und Zwecken ist nicht gestattet.

10. Weitere (mündliche) Absprachen sind nicht getroffen worden. **Änderungen** dieser Vereinbarung **müssen schriftlich** erfolgen, um wirksam zu werden. Sollten Regelungen dieses Vertrages unwirksam sein oder werden, so gelten stattdessen die gesetzlichen Bestimmungen. Die Wirksamkeit der übrigen Regelungen soll davon unberührt bleiben.

_____
(Ort, Datum)

_____ _____
(Unterschrift Auftraggeber) (Unterschrift Betreuer)

zusätzlich notieren:
Hausarzt des Betreuten mit Rufnummer
2 Notfall-Telefonnummern von Angehörigen

kleine Ideenliste Einzeltätigkeiten

Zuhause	Termine	Freizeit
Haushaltshilfe (putzen, waschen, bügeln)	Fahrdienst oder Begleitung bei:	Spaziergänge
Mahlzeiten zubereiten	Arzt-Terminen	Einkaufsbummel
Hilfe beim Anziehen, Essen, Trinken, Frisieren	Krankengymnastik-Terminen	Schwimmbad-Besuch
Einkauf (allein oder mit Betreutem)	Behörden-Terminen	Kirchgang
Gesellschafts-Spiele	Besuch von Verwandten, Freunden	Café / Restaurant
Vorlesen, Basteln, Malen	Vereinstreffen	Zoo / Tierpark
Aufschreiben der Lebenserinnerungen	Beantwortung von Schreiben	Kino, Konzerte, Lesungen
Gartenpflege	Friseur, Fußpflege etc.	Friedhofsgang + Grabpflege
kleinere Reparaturen		Messe / Ausstellung
Raumgestaltung / Umdekorieren		Reise-Begleitung
Entrümpeln		

Vieles auf dieser Liste wird dir unspektakulär / alltäglich erscheinen, aber all diese Kleinigkeiten sind es, die für deine Betreuten den Unterschied in ihrer Lebensqualität und gesicherten Eigenständigkeit ausmachen können.

Du kannst jeden Menschen, egal in welchem Alter und mit welchen gesundheitlichen Einschränkungen unendlich bereichern, indem du ihnen Zeit und Aufmerksamkeit widmest.

Neue Gedanken, eine andere Umgebung, frische Luft, Bewegung und Fröhlichkeit machen oft einen entscheidenden Unterschied. Biete deinen Betreuten nach Möglichkeit immer auch ein wenig Abwechslung und du wirst auch in ihrem Verhalten bald einen Unterschied feststellen.

Neue wissenschaftliche Erkenntnisse belegen, dass jeder Mensch bis ins hohe Alter sein Gehirn neu vernetzen kann. Und zwar nicht abhängig von irgendwelchen Gedächtnistraining-Übungen o.ä. sondern allein durch einen Auslöser: **Begeisterung**!

Deine Aufgabe also kann es sein, deine Betreuten wieder zu inspirieren, Begeisterung bei ihnen zu entfachen. Dafür musst du zunächst herausfinden, was sie begeistert, welche Träume sie im Leben bislang voran getrieben haben. Finde heraus, was ihnen besondere Freude bereitet.

kleine Linkliste

Informationen zur Seniorenbetreuung als Aushilfsjob:

www.minijob-zentrale.de

www.nebenjob.de

Internetplattformen für die Vermittlung von Seniorenbetreuern:

www.haushaltsjob-boerse.de/

www.betreut.de

www.deutschesenior.de

Beispiele / Downloads für Planung + Dokumentation:

http://www.senioba-die-serviceagentur.de/downloads/

Wissenswertes zum Lebensalltag älterer Menschen:

www.bmfsfj.de/BMFSFJ/aeltere-menschen,did=208232.html

http://www.deutsches-seniorenportal.de/senioren-und-pflegeratgeber

www.faz.net/aktuell/feuilleton/alltag-im-alter-die-wuerde-des-alten-menschen-ist-antastbar-12053550.html

Informationen über Fortbildungen / Qualifizierungen:

http://de.wikipedia.org/wiki/Seniorenbetreuer

http://www.awo-essen.de/bildung/alltagsbegleiterin-nach-87-b-sgb-xi

Kleinanzeigen im Internet:

http://www.kalaydo.de

http://www.quoka.de

http://kleinanzeigen.ebay.de/anzeigen/

Visitenkarte, Flyer, Postkarten:

www.flyeralarm.com

www.vistaprint.de

Auf die die Inhalte der Links habe ich keine Einflussmöglichkeit und übernehme natürlich keine Haftung. Sie stellen eine rein subjektive Auswahl möglicher Informationsquellen dar.

Platz für eigene Notizen:

Hat dir dieser Ratgeber gefallen und die ein oder andere Anregung liefern können, freue ich mich über deine positive Bewertung bei Amazon.

Ich danke dir für die Aufmerksamkeit und den Kauf meines Buches!

Vielleicht interessiert dich auch ein weiteres Buch von mir, ebenfalls erhältlich bei Amazon:

„Geld verdienen auf dem Flohmarkt"

Print-Version: 5,99 €

http://tinyurl.com/MariePalo-Flohmarkt

E-Book-Version: 2,99 €

http://tinyurl.com/MariePalo-FlohmarktKindle

Alle Informationen in diesem kleinen Ratgeber sind nach bestem Wissen und aufgrund meiner persönlichen Erfahrungen zusammengestellt und erheben keinen Anspruch auf Vollständigkeit oder Richtigkeit, eine Gewähr / Haftung kann nicht übernommen werden. Für verbindliche Auskunft im konkreten Sachverhalt ist der Rat einer Beratungsstelle oder eines Rechtsanwalts einzuholen.

Das Buch ist urheberrechtlich geschützt und alle Rechte an und aus diesem Ratgeber vorbehalten. Insbesondere sind eine Vervielfältigung und eine Verbreitung ohne ausdrückliche schriftliche Zustimmung der Autorin nicht gestattet. Ebenso wenig darf es unberechtigt elektronisch gespeichert, verarbeitet, vervielfältigt oder verbreitet werden.

Impressum

Text + Layout ©Copyright by:

Marie Palo

mariepalo2014@gmail.com

Bild+Cover: Mdesignz

Herausgeber: Rain S. Meeners, Düsseldorf

Alle Rechte vorbehalten

Tag der Veröffentlichung: 06.12.2014

ISBN-13:
978-1502925909

ISBN-10:
1502925907

www.ingramcontent.com/pod-product-compliance
Lightning Source LLC
Chambersburg PA
CBHW051716170526
45167CB00002B/681